TRUST YOURSELF

—

エマソン
自分を信じる言葉
エッセンシャル版

—

佐藤けんいち　編訳

Discover

はじめに　なぜいまエマソンか？

エマソンって誰？　なにをした人？　そんな質問がすぐに返ってきそうだ。

エマソンといっても、すぐにはピンとこない人が少なくないかもしれない。だが、それはムリもない。21世紀に入ってしばらくたつまで、この国ではすっかり忘れられた存在になっていたからだ。

19世紀を生きたラルフ・ウォルドー・エマソンは、急速に発展してゆくアメリカ社会に現れた哲学者で詩人であり、講演家で著作家である。アメリカ人として、ヨーロッパからの借り物ではない、自分自身の思想を打ち出すことで、「アメリカの知的独立」を宣言し、先導することになった人物である。

なによりも、知る人ぞ知る自己啓発書の古典『自己信頼』の著者である。エマソンといえば『自己信頼』、逆に『自己信頼』といえばエマソンという連想がはたらくほど、この1冊とふかくむすびついている。自分自身を信じて、ほかの誰でもない自分自身を頼みとすることの重要性を説いたマニフェストのような内容だ。

近年では、黒人ではじめてアメリカ大統領になったオバマ元大統領が、『自己信頼』を愛読書であると公言し、２００９年の就任演説でも取り上げて以来、アメリカだけでなく、日本をふくめた世界中で「エマソン復活」が始まった。

だが、明治時代の先人たちもエマソンには大いに感化されている。この事実を知れば、エマソンは日本人にとっては、もともと無縁の存在ではないことがわかるだろう。エマソンを知ることは、アメリカ理解が深まるだけでなく、近代以降の日本と日本人を知ることにもつながるのである。

そんなエマソンだが、21世紀のいま読んでも、つよい印象を受けることばが多い。とくに日本人は、いまこそ読むべき内容だといっていいかもしれない。世間のなかに生きる日本人が、いかに自分に自信をもち、自分自身を信頼して、この激動期に生きるか、そのための知恵に充ち満ちているからだ。これは個人レベルだけでなく、自分が属する組織や、国民として国家レベルまで拡大すべき課題である。

「内向的」だった前半生と「自己信頼」による人生の大転換

エマソンは、けっして劇的な人生を送った人ではない。政治家でも実業家でもない。基本的に書斎人であった。講演旅行にでかける以外は、自然にめぐまれた地方都市で、生涯のほとんどをすごした人である。

とはいえ、個人的な不幸や苦労の多い前半生をすごしている。8歳でユニテリアン派の牧師であった父を失い、きょうだいの多い母子家庭として、経済的には苦しい生活を送っている。

苦学してハーバード大学を卒業しているが、成績は中くらいで優等生ではなかった。優秀な弟に対する劣等感をもちつづけており、大学卒業後も自分の将来について、はっきりとした目標や方向性をもっていたわけでもない。生活費を稼ぐため、しばらくは兄が経営していた女学校の手伝いをしている。

ようやく本格的に勉強したいという思いが芽生え、家業ともいうべき牧師になるために神学大学院に入学したものの、眼病のためしばらくのあいだ本が読めなくなり、腰のリューマチを患い、さらには肺結核に苦しむなど、健康状態もけっして良好ではなかった。こんな状態がつづいては、悲観的な人生観をもっても不思議ではない。

牧師になって、ようやく人生の方向性が見えてきたが、理想の女性と結婚したもののわずか2年後に死別し、優秀だった弟が精神障害となってその後死亡、しかも再婚した妻とのあいだに生まれた最愛の長男を6歳で亡くしている。まさに苦難の連続としかいいようのない前半生を送っている。

ようやく軌道に乗りかけていた牧師としての日々だったが、教会制度の形式主義に対して懐疑的になり、牧師をつづけることに苦痛を感じるようになる。教会で説教することは好きで、しかも信徒のあいだでも好評だったが、内向的な性格のためもあったのだろう、人間関係はあまり得意ではなく、信徒の世話や家庭訪問は正直いって苦痛だったらしい。牧師としての適性がなかったのである。

かならずしも積極的な職業選択ではなかったとはいえ、自分が選んだ職業で味わうことになった違和感は、どうしても解消することなく、ますます耐えられないものとなっていったようだ。

悩みに悩んだすえ、自分自身の「内面の声」にしたがうことを決意する。エマソンは、もともと内向的な性格だった。山籠もりして瞑想の数日間をすごして徹底的に自分と向き合い、最終的に覚悟を決めたのである。教会から辞任するという、引き返すことのできない、大きな一歩を踏み出したのである。

「内面の声」にしたがい、自分が納得できないことはしない。その行為を支えたのが、内向的だった自分を鍛えるため自分に課していた「自己信頼」であった。自分の思想を実践することで、まさに「知行合一」を実行したことになる。エマソン29歳のときのことであった。

エマソンを支えた「自己信頼」とは？

現在のアメリカでは、「自己信頼」は「独立」とならんで「個人主義」を構成する重要な要素のひとつとなっている。

「自己信頼」の原語は「セルフ・リライアンス」である。日本語でもっとも近い訳語は「自恃《じじ》」であろう。自分を恃《たの》みにする、という意味だ。だが、この「自恃」ということばは現在では死語となっており、日常的につかわれるものではない。厳密にいうと「自信」と「自恃」は異なるが、エマソン自身が「セルフ・リライアンス」と「セルフ・トラスト」をほぼおなじ意味でつかっているので、「自己信頼」と訳して問題ないだろう。

「自己信頼」とは、自分を信じて、自分に頼ることだ。自分以外のなにものにも精神的に寄りかからない、もたれかからない生き方と受け止めたらいい。精神的な「自立」と「自律」の両方の意味を兼ねたものだ。

だが、エマソン自身も注意喚起しているように、「自己信頼」は「利己主義」とは似て非なるものだ。「自己信頼」は、目に見える人間関係である「世間」、不特定多数の人間で構成される「世の中」、そのなかでの立ち位置と関係性の問題として、問われるものだからだ。

自分を信頼することは、ひとりよがりを意味しない。他者との関係を絶つわけではない。人間が生きていくためには、当然のことながら他者の助けも必要だ。重要なことは、自分が主体的に考え、行動しなくてはならないということなのだ。世間に同調して付和雷同することなく、自分自身を信頼して、自分自身の人生を生きるのである。

とはいえ、「内面の声」にしたがって「自己信頼」を貫くことは、かならずしも容易なことではない。当然のことながら、世間との摩擦が生じるからだ。一歩踏み出す前にひるんでしまう人も少なくないだろう。一歩踏み出しても、挫折してしまう人もいるかもしれない。

ドイツの文豪ゲーテに、『美しき魂の告白』という作品がある。ある女性がつづった手記という形をとったもので、教養小説の古典的名作『ヴィルヘルム・マイスターの修業時代』（１７９６年）に挿入されている。

自分の「内面の声」にひたすら忠実に生きようとした女性の、神との対話をつうじた自己の確立を描いたものだが、このような生き方を貫こうとすれば、21世紀の現代でもさまざまなコンフリクトを生み出すことは言うまでもない。

エマソンもまたそうだったことは、彼の人生が示しているとおりだ。だから、『自己信頼』は、あくまでもマニフェストであり、エマソンは自分に言い聞かせるために書いたと考えるべきだろう。エマソンが主張するとおりに実行したら、摩擦や衝突が生じることは、あらかじめ覚悟しておいたほうがいい。

それでも、悔いのない人生を送るためには、自分自身の道を進むことが必要だ。それがどんな形であれ、どんな規模であれ、自分を信じて、自分を頼りにして、困難を乗り越えて、道なき道を切り拓いていかなくてはならない。

エマソンの『自己信頼』は、そんな人への励ましのことばとして、読者であるあなたの背中を押してくれることだろう。エマソン自身も、そうやって自分の道を切り拓いていったのだ。

「強み」を活かして講演家に転身

エマソンは、教会を辞任したあと、牧師から講演家に転身している。その結果、経済的独立を実現しただけではなく、後年には社会的成功をもたらし、さらには「コンコードの哲人」と偶像視されるまでになった。

牧師の説教は、聖書の知識を背景にした話術と雄弁術がベースにある。信徒の世話や家庭訪問には適性がなかったエマソンだが、もともと雄弁術は自分の得意分野であり、その意味でエマソンには講演者としての適性があったわけだ。自分の強みを活かすことができたのである。天職を見つけたのである。

長身でイケメン、しかも声量が豊かで、声の調子が音楽的なため、講演を聞く人をうっとりさせたらしい。とはいえ、聞いていると気持ちがいいが、結局なにを言いたいのかわからなかったという、いつわりのない感想もあったようだが……。

19世紀半ばのアメリカでは、「ライシーアム運動」がさかんになっていたことも、エマソンにとっては好都合なことだった。

「ライシーアム」とは、娯楽を兼ねた成人教育のプログラムのことである。アメリカ産業革命の進展によって生まれてきたのが、知的職業人、商店経営者、卸売業者、事務員、学生などを中核とした中産階級であるが、彼らを対象にした教養セミナーとでもいうべき巡回講演会は、大衆文化として大流行していた。巡回講演会の講師は、エマソンのように牧師から転身した人も少なくなかったようだ。

エマソンは、大学アカデミズムとは距離をおいた「反知性主義」の元祖とされる。『反知性主義』（森本あんり、新潮選書）によれば、アメリカ的な意味の「反知性主義」とは、「知性」が特定の権威や権力と結びつく「知性主義」への異議申し立てを意味している。「反知性・主義」ではなく、「反・知性主義」なのである。その根底には、自分の頭で考え、自分で行動するというマインドセットがある。そう考えれば、エマソンこそまさに、「反知性主義」そのものであることが納得できるだろう。

後半生において、エマソンは一年の半分を講演旅行でアメリカ国内や英国各地を回るカリスマ講演家であった。講演活動をつうじて全米各地で、幅広くさまざまな階層の一般人と交流している。基本的に講演は自分で企画し、自分で集金まで行う自営業者であり、金銭にも明るかった。けっして机上の空理空論を説いた人ではなかった。

国内を分断した「南北戦争」の終結後、アメリカは急激に発展していくことになる。フロンティアが西へ西へと拡大するなか、「金ピカ時代」とよばれる時代となったアメリカ資本主義社会のリアルを、肌身をつうじて知ることが、後年の思想の円熟をもたらしたのである。

前期エマソンが「自己信頼」をマニフェストしたとすれば、後期エマソンは「自己信頼」のプロモーターであったと考えればよいだろう。

エマソンは『自己信頼』だけではない

本家本元のアメリカでは、政治的な党派を超えて、エマソンは大きな影響をあたえてきた。ところが、そのアメリカでも現在は『自己信頼』以外の著作は、ほとんど読まれていないようだ。

というのも、「エマソンのことば」がそれだけ切り取られて、フレーズとして流通しているためだ。『人を動かす』で有名なカーネギーが引用するエマソンのことばも、残念ながら出典不明のものが少なくない。現在では、あらたにつくられた「エマソンのことば」も少なからず流通している。

エマソンが生涯に出版した著作は、『自然』（1836年）、『エッセイズ　第一集』（1841年）、『エッセイズ　第二集』（1844年）、『代表的人物』（1850年）、『英国の国民性』（1856年）、『処世論』（1860年）、『社会と孤独』（1870年）であり、このほか晩年に協力者が編集した『文学と社会目的』（1875年）と数冊の「詩集」がある。本人には詩人という自己認識があったようだが、現在の評価はかならずしも高くない。

エマソンの著作は、『自然』と「詩集」をのぞけば、ほぼすべてが講演原稿に手を入れたものである。『エッセイズ　第一集』に収録された『自己信頼』もまたそうだ。

エマソンの文章はエッセイの形をとっているが、話の前後のつながりがわかりにくいという批判が多い。その理由のひとつは、もともと口頭で読み上げる講演原稿として用意され、それに加筆修正を加えて発表したものが原因だと考えられる。

そもそも聴衆にとって講演というものは、なんとなくわかったような気分になりたいというのが本音であろう。熱心なファンであっても、講演全体で一つか二つ刺さることばや表現があれば、それなりに満足を得るものだ。

エマソン自身、自分が気に入ったフレーズを、前後のつながりと関係なしに挿入していることもある。こうしたフレーズは、生涯にわたって書きつづけた「日記」から抜き出したものだが、世の中に流行している「エマソンのことば」の多くは、そうしたものなのである。それだけ切り取って、シェアしやすい特性を最初からもっているのだ。

エマソンは「生き方としての哲学」の本流

『代表的人物』という著作は、エマソンが考える「偉人」を6人選出して、その意味について考察したものだ。プラトン、スウェーデンボルグ、モンテーニュ、シェイクスピア、ナポレオン、ゲーテである。それぞれ、「哲学に生きる人」「神秘に生きる人」「懐疑に生きる人」「詩歌に生きる人」「世俗に生きる人」「文学に生きる人」という副題がつけられている。

ちなみに、内村鑑三もまたエマソンの愛読者であった。現在でもよく読まれている『代表的日本人』の原文は英語で、再版の際のタイトルはエマソンにあやかったようだ。

『代表的人物』に取り上げられた人物のうち、日本ではかならずしも知名度の高くないスウェーデンボルグについて簡単に見ておこう。エマソンに大きな影響をあたえているからだ。

18世紀のスウェーデンに生きたスウェーデンボルグは、ダヴィンチのような万能の天才で、自然科学者として、工学者として著名であったが、50歳台後半以降は霊界を訪問し、その体験記を大量に発表している。聖書の自由解釈によって、教会から異端視されるに至った人物で、19世紀のスピリチュアル思想の元祖とされている。

19世紀後半にアメリカで生まれた「ニューソート」(新思想)もまた、スウェーデンボルグの影響がつよい。キリスト教の異端的な霊性運動であるが、理論的根拠をあたえたのがフランクリンとエマソンだとされている。人間には無限の可能性があり、修養による人格の向上が成功につながるという思想である。ポジティブシンキングの源流である。

エマソンの思想は、体系がない折衷主義だという批判がされることが多い。だが、あくまでも自分に適したものを、自分の目で選択し、自分のものとしている点は、「自己信頼」をモットーに、権威には盲従しない人生を貫いたエマソンならではといえるだろう。

エマソンは、「アカデミズムの哲学」ではなく、マルクス・アウレリウスのストア派哲学とおなじく、ソクラテス以来の「生き方としての哲学」の本流にあるといっていい。

熱烈な愛読者だったニーチェ

エマソンとニーチェというと、意外な組み合わせと思われるかもしれない。だが、「生き方としての哲学」を追求するアメリカ人のエマソンは、道なき道を切り拓いたニーチェにとって導きの星であり、モデルだったのである。人生を肯定し、楽天主義を語るニーチェは、エマソン抜きには語れない。

おなじく牧師の息子として生まれ、早くに父を失い、女性たちによって育てられたニーチェは、生涯ただの一度も会ったことのないエマソンを「魂の兄弟」とみなしていたらしい。

ニーチェは、17歳でエマソンのドイツ語訳に出会って以来、狂気の淵に落ちてしまうまで、26年間にわたって繰り返し、あびるように読んでいた。旅するときにはエマソンの本を持ち歩いていたほど、いつもエマソンに励まされていたのである。

エマソンが1838年にハーバード大学神学部で行い、物議を醸した講演には、「まるで神が死んだかのように」というフレーズがある。このフレーズから「まるで～かのように」という文言を取り去れば、ニーチェの「神は死んだ」まであと一歩である。

ニーチェの愛読書だった『処世論』には、「パワー」というエッセイがあるが、おなじく愛読書であった『エッセイズ　第一集』と『エッセイズ　第二集』でも、エマソンは「パワー」ということばをいたるところでつかっている。ニーチェがいかにエマソンの影響をつよく受けているかわかるだろう。

ニーチェといえば、人智学者ルドルフ・シュタイナーへの大きな影響も見逃せない。初期の著作である『ニーチェ　みずからの時代と闘う者』（高橋巖訳、岩波文庫）にあるように、時代に対して主体的に生きることを説き、道なき道を切り拓いたシュタイナーの原点にはニーチェがあり、その意味では間接的にエマソンの影響圏にあるといえるかもしれない。

このほか、ロシアの文豪トルストイもエマソンを愛読していたことにも触れておこう。

古今東西の著作家たちの名言のアンソロジー『文読む月日』（北御門二郎訳、ちくま文庫）は、この本だけは読み継がれてほしいと念願し、晩年にはなんども手を入れていたという著作だ。トルストイ最晩年の1908年に出版されている。

一年366日にわたって名言を集めて配列したこの本の「1月1日」は、トルストイ自身による、「第二義的なもの、不必要なものを多く知るよりも、真に善きものの、必要なものをすこし知るほうがよい」という文章につづいて、いきなりエマソンからの引用で始まっている。エマソンからの引用は、『文読む月日』全編にわたって多数ある。

西洋のみならず、インドや中国の思想家、ペルシアの詩人の作品といった東洋の古典への目配りも、エマソンに共通するものがある。晩年のトルストイはまた、エマソンとソローとともに、若き日のガンディーに大きな影響をあたえている。

インド哲学を中心とした東洋思想の影響

エマソンは、東洋哲学とくにインド哲学につよい親近感を抱いていた。『ウパニシャッド』や『バガヴァッド・ギーター』といった、ヒンドゥー教の古典を英語訳で読んでいる。

アメリカと東洋思想というと、西海岸のカリフォルニアを中心とした1960年代の「カウンターカルチャー」時代を想起するが、19世紀半ばには、すでに東海岸のエマソンやソローによる東洋思想の受容という素地があったのである。

「超越した神」ではなく、「内なる神」という考えを抱くにいたったエマソンは、プラトンやプロティノスといった西洋神秘哲学から出発しながら、宇宙の原理であるブラフマンと、自己であるアートマンが同一であるという思想に大いに共鳴するに至っている。インド哲学の「梵我一如」である。これは、中国哲学では「神人一体」に該当するものであり、日本人には比較的なじみ深いものだろう。

世界的な仏教学者で比較思想の研究者でもあった中村元は、『自己の探究』（青土社）でつぎのような指摘をしている。「自己に頼る」という思想を打ち出したのは、西洋哲学ではエマソンが例外的なのだ、と。エマソンが自分の思想に近いとして、東洋思想に大いに共感したのは、そういうところにあったようだ。

『代表的人物』でエマソンは、プラトンに東洋と西洋の接点を見いだしている。一方、西洋哲学の源流とされてきたプラトンに、東洋哲学との接点を見いだしていたのが『神秘哲学』（岩波文庫）の井筒俊彦である。それぞれ反対側からのアプローチだが、おなじ結論に達していることに注目したい。井筒俊彦も『コスモスとアンチコスモス　東洋哲学のために』（岩波文庫）で言及しているように、めくるめく光を描いた『華厳経』の世界観と、プロティノスの世界観はきわめて似ている。

エマソンは仏教にも関心を抱いていた。ブッダのことばを記した『ダンマパダ』（法句経）には、「自己こそ自分のあるじである。他人がどうして自分のあるじであろうか？　自己をよくととのえたならば、得難きあるじを得る」（中村元訳）という一節があるが、「自己信頼」とおなじことを説いているといってよいだろう。エマソンのことを、「アメリカの菩薩」（ヴァン・ミーター・エイムズ）と評する論者もいることも紹介しておこう。

朱子学を中心とした中国哲学の影響も深く受けている。相補性原理である「陰陽二元論」は、エマソンの「償いの法則」ときわめて近い発想だ。東洋思想への親和性は、明治時代の日本人がなぜエマソンを愛読したのか、その理由のひとつがそこにあると考えてよさそうだ。とはいえ、エマソンには、日本からの影響はあまりない。

エマソンと日本　明治時代の日本人にあたえた影響

不平等条約改正を目的として、明治新政府から派遣されたのが、「岩倉使節団」である。22ヵ月にわたる米欧視察のうち、7ヵ月をアメリカに費やし、西海岸のサンフランシスコから東海岸にかけて縦断、「南北戦争」後の新興国アメリカの先進社会をつぶさに観察している。

岩倉使節団がアメリカを離れる直前、ボストンで使節団をもてなす晩餐会が開催された。改暦前の１８７２年（明治5年）6月28日のことだ。日米あわせて１８０人が出席した大晩餐会には、ボストンを代表する名士としてエマソンが招待され、食後にスピーチを行っている。ただ、70歳を前にして、すでに記憶力減退などの症状がでており、しかも自宅全焼からわずか一週間後ということも影響していたのだろう、エマソンの話は、どうやら精彩を欠いたものであったらしい。

同時に招待されていた弁護士のオリヴァー・ウェンデル・ホームズ・ジュニアが、日本を絶賛する自作の詩を朗読しているのとは対照的だ。ホームズはその後、連邦最高裁判事になるが、ハーバード・ロースクール時代の愛弟子が金子堅太郎で、金子はのちに特使として日露戦争の講和条約締結の舞台裏で奔走することになる。

このように、エマソンと日本人との接点は、リアルの世界では実り多いものではなかったが、エマソンは著作をとおして明治時代前半の日本人に大きな影響をあたえている。

明治維新後の激動期に英語でエマソンを読んだ人たちは、文学者の北村透谷や徳冨蘆花などをのぞけば、まず取り上げるべきは徳富蘇峰であろう。

徳冨蘆花の実兄であった徳富蘇峰は、明治時代から昭和時代は戦後期まで一世紀近く生きた大ジャーナリストである。新聞経営者であり、歴史家でもあった。若き日に新島襄の同志社に学んだ蘇峰は、英語でエマソンを読み込んでおり、とくに『自己信頼』には大いに感銘したようだ。

蘇峰はまた、日露戦争前に日英同盟が締結された際には、「自己信頼」を国家レベルまで拡張した「自国信頼」を主張するに至っている。自国への信頼がなければ、対等な立場の同盟関係など成り立たない、他国への依存心を捨てよ、という主張だ。

蘇峰のつぎの世代にくるのが鈴木大拙である。世界的な仏教学者で、西洋社会に禅を広めた功労者である大拙もまた、若き日に英語で『自己信頼』を読んで大いに感激している。青年時代にアメリカに11年間滞在していた大拙には、エマソンの墓の横で座禅する写真も残されている。大拙は、英文著作でたびたびエマソンを引き合いに出している。

明治時代の流行が終わったあと、エマソンはもっぱら旧制高校の英語の教科書に登場する存在となったようだ。在野の東洋思想研究者で、陽明学者として政財界に多大な影響力をあたえたのが安岡正篤《まさひろ》だが、意外なことに旧制一高時代には英語でエマソンを愛読していたらしい。安岡もまた、蘇峰や大拙と同様にエマソンの旧宅をコンコードに訪ね、墓を詣でていることは、『新編　世界の旅』（エモーチオ21）に記されている。大拙と蘇峰のエマソンについての文章は、巻末の「特別付録」に収録しておいたので、ご関心のある方は参照していただきたい。

そんな旧制高校的な「教養主義」の流れが、戦後の一時期まであったことは、『完本　若き日の読書』（池田大作、第三文明社）で、『エマソン論文集』が取り上げられていることから見て取ることができる。高等教育を受ける機会がなかった池田氏だが、日本語訳で読んだエマソンの『自己信頼』には、大きく励まされつづけたようだ。「絶対肯定」の立場に立つ『法華経』は、「自己信頼」との親和性がつよい。

さて、エマソンが読まれなくなってから半世紀、オバマ元大統領のおかげで、この国でもエマソンが復活してきたわけだが、かつての教養主義的な読まれ方ではなく、自己啓発系として蘇ったといえるかもしれない。エマソンには、もともとその両面があったのだが、後者のほうが優勢になってきたのである。日本社会で「教養主義」が廃れ、1980年代から「スピリチュアル」がメインストリームになってきた流れとパラレルな関係にあるといえよう。

編訳方針について

今回の『超訳』は、主著である『自己信頼』を中心に据えながら、現在ではほとんど読まれなくなった著作もふくめて、幅広くエマソンのことばを紹介することにした。基本的に「自己啓発系」のことばを中心に取り上げている。

ただし、エマソンのあまりにも簡潔でわかりにくい文章には説明的な文言を加え、数ページにわたる文章を圧縮して一ページに集約したものもある。テーマ別に編集し、「小見出し」として要約をつけてあるので、参考にしていただければ幸いだ。

エマソンの文章は、前後で矛盾を感じることが、少なくないかもしれない。とはいえ、エマソン自身が『自己信頼』のなかで、「愚かな首尾一貫というのは、小さな心が生み出すお化けだ」（本文018を参照）と主張しているとおり、そのまま受け取ったらいいだろう。矛盾を恐れてはいけないのだ。このフレーズは、アメリカではよく引用されるポピュラーなものだ。

エマソンのことばは、「生き方としての哲学」として、自己啓発のことばとして、あるいは一般的な人生論として読むなど、さまざまな読み方が可能だろう。自分の関心のあるページから読み始めたらいい。

読み方の一例として、エマソンとほぼ同時代に生きた佐藤一斎の『言志四録』と読み比べてみるのもおもしろいかもしれない。エマソンの「自己は光」と一斎の「心の霊光」のように、よく似たような文言があるだけでなく、似たような考えが述べられていることに気づくことだろう。ちなみに、一斎の晩年の弟子であった儒者の中村正直は、自己啓発書『セルフヘルプ』の日本語訳である『西国立志編』で有名だが、エマソンの『償い』を愛読していたという。

「千万人といえども吾往かん」といえば、吉田松陰で有名なフレーズだが、『言志四録』にも引用された孟子のことばである。日米でほぼ同時期に、「自己信頼」をベースにした実践哲学が前面に出てきたことは、じつに興味深いことではないか！

エマソンの文章は、読んでも理解しにくいものや、かならずしもしっくりこないもの、あるいは違和感を覚えるものが少なくないかもしれない。一回読んでもわからなかったら、なんども読んでみる、あるいは時間がたってから読み直してみるのもいい。ずいぶん時間がたってから、なにを言いたいのかはじめてわかった、そんな経験をすることがあるかもしれない。

フランクリンと、アンドリュー・カーネギーをつなぐ位置にあるのがエマソンだ。エマソンを知ることは、現代アメリカを理解するカギになるだけでなく、大きな影響を受けた明治時代の先人たちについて知ることにもつながる。「アメリカ自己啓発の原点・三部作」として、あわせてお読みいただければ幸いだ。

２０２４年11月20日　　　佐藤けんいち

購入特典

未収録原稿「英語圏でよく引用されるエマソンの名言」他をお届けします（PDF）。
下の二次元バーコードからダウンロードしてください。

特典ページURL

https://d21.co.jp/formitem/

ログインID

discover3118

ログインパスワード

emerson

エマソン　自分を信じる言葉

目次

エマソン 自分を信じる言葉　目次

II 人間には無限の可能性がある

III 「いまこの瞬間」を生きよ

IV 「目に見えないもの」を意識せよ

V 「自然法則」はすべてにはたらいている

VI 人生とはパワーの探究だ

VIII あたえられた才能をつかって突き進め

IX 魂がふれあう人間関係

X 学びとアウトプット

I　自分を信じよ！

――『自己信頼』の神髄

001

自分自身の考えを信じる

自分自身の考えを信じること、自分の心のなかの真実は、すべての人にとっての真実でもあると信じること、それこそわたしのいう「天才」だ*。

心の奥底でいだいている確信を、声に出してみることだ。そうすれば、自分の確信は普遍的な意味をもつようになる。なぜなら、内的なものは、やがて時いたれば外的なものとなるからだ。わたしたちが最初に考えていたことは、たとえ現世では報いられることがなくても、最終的には「最後の審判」で吹かれるラッパの音とともに返されることになる。

『自己信頼』(1841年)『エッセイズ 第一集』より

*原文は genius でキーワードのひとつ。エマソンは、「生まれながら天にあたえられた才能や性質」の意味でつかっている。

002

自分の内側から発するひらめきを注視する

精神の内なる声は、あえて口にすることがなくても、誰にとっても聞き覚えのあるものだ。旧約聖書の預言者モーセや古代ギリシアの哲学者プラトン、そして英国の詩人ミルトンといった精神の指導者たちが賞賛に値するのは、書物や伝統といった外的なものを軽蔑し、他人が語ったことではなく、彼ら自身が考えたことを語ったことにある。

内側から発し、精神を照らし出すかすかな光を見逃すことなく注視しなくてはならない。それは、きらめく詩人や賢者たちの輝きを見つめるよりもはるかに大事なことだ。

にもかかわらず、人は自分の考えを気づかずに捨ててしまう。それも、ただ自分の考えだからという理由から。そして、天才の仕事を見ると、自分が捨て去った考えを見いだし、ある種の威厳をもって戻ってきたことを知ることになる。偉大な芸術作品があたえてくれる教訓のなかで、これほど感銘の深いものは、ほかにない。

『自己信頼』（１８４１年）『エッセイズ　第一集』より

003

心の声を素直に聞く

世の中全体がこぞって反対の声をあげるとき、そんなときこそ、にこやかに、しかし断固として、自分の内側から自然にわき上がってくる印象にしたがうべきだ。

そうでなければ、あしたになれば、わたしたちがいつも考え感じているとおりのことを、見知らぬ誰かが、的確な理解力をもって表現することになる。自分自身の考えでありながら、他人の考えとして受け入れなくてはならなくなってしまうのだ。

『自己信頼』（1841年）『エッセイズ　第一集』より

004

羨望や模倣は自殺行為だ

羨望《せんぼう》は無知であり、模倣は自殺である。教育を受けていくうちに、誰もがそう確信するようになる。

良かれ悪しかれ、自分自身を広大な宇宙の一部分として受け取ることだ。たとえ、宇宙には善がみちみちているとしても、あたえられた自分の土地で汗水流してはたらかなければ、自分を養ってくれる穀物は、ただの一粒も手に入ることはない。

自分のなかに宿るパワーは、自然界のなかであらたに生まれたものである。自分ができることがなにかがわかるのは、自分しかない。しかも、自分でやってみなくては、わからないのである。

『自己信頼』（1841年）『エッセイズ　第一集』より

005

自分自身を信じれば、かならず共鳴者が現れる

自分を信じよ。その鉄製の弦（アイアン・ストリング）*から生まれるクリアな響きは、どんなハートも震わせ、共鳴させることになる。神の摂理が君のために見いだしてくれた場を受け入れよ。君と同時代に生きる人びとと交際せよ。さまざまなできごとがつくりだす縁（つながり）を受け入れよ。

『自己信頼』（１８４１年）『エッセイズ　第一集』より

＊英語の原文は Trust thyself : every heart vibrates to that iron string. である。英語圏ではよく引用されるが、詩的な表現のため日本語にそのまま置き換えるのは難しい。エマソンが生きた時代の弦楽器の弦は、基本的に羊腸製か鉄製であり、鋼鉄製のものはまだなかった。その趣旨は、吉田松陰が『孟子』の一節を引用して語った「千万人といえども吾往かん」につうじるものがある。徳富蘇峰がその著書『吉田松陰』（１８９３年）の冒頭にエマソンのこのフレーズを英語のまま引用したのはそのためであろう。

006

自分を信頼し運命を受け入れて進みゆけ

偉大な人たちはみな自分を信頼してきたし、それぞれの時代精神には子どものように身をまかせてきた。彼らは、自分の心のなかに、絶対に信頼できるものがどっかりと座り、それがみずからの手をとおしてはたらき、自分の全存在を支配してきたことを感じ取っていた。

いまやわたしたちもまた、人間の理解を超えた運命を、最高に元気よく受け入れなくてはならない。わたしたちは、片隅で保護される未成年者や病人ではなく、革命を前にして尻込みする臆病者ではない。指導者として、救済者として、後援者として、全能なる神の御業《みわざ》にしたがって、混沌《カオス》と闇のなかを突き進んでゆくのである。

『自己信頼』(1841年)『エッセイズ 第一集』より

007

疑うことを知らない子どものように自分を信じよ

子どもや赤ちゃん、さらには動物の顔つきや振る舞いをつうじて自然界があたえてくれるお告げは、なんとかわいいものだろうか。子どもや赤ちゃんは、わたしたち大人と違って、自分の本性に反することがない。だから、精神は分裂していない。目的に反して力や手段を計算することもない。だから、自分の気持ちを信じないなんてこともない。

子どもや赤ちゃんの精神は、分割されることのない全体であり、その眼差しはなにものにも征服されていない。だから、わたしたち大人が子どもや赤ちゃんの顔をのぞきこむと、思わずうろたえてしまうのだ。

幼子《おさなご》は誰にも迎合しない。誰もが幼子に迎合し、片言で語りかけたり遊んだりするので、ひとりの赤ちゃんが4人も5人も、大人を赤ちゃんにしてしまう。

『自己信頼』（1841年）『エッセイズ　第一集』より

008

結果や利害にわずらわされるな

その日の夕食に心配のない少年たちは、乞食のようになにかしたり、言ったりしてご機嫌とりをする人のことを、王様のように昂然と軽蔑するものだ。その無頓着ぶりは、人間の本性にもとづく健全な態度である。

ゲストルームから外を眺める少年は、平土間から舞台を見る観客のようなものだ。客間から外を眺めては、通りすぎる人や事実について、少年らしく自由気ままに、無責任にも、良いか悪い、興味深い、愚かだ、弁が立つ、厄介者だなどと審議しては宣告していく。判決内容の影響や利害にわずらわされることはない。とらわれることのない独立した、本当の判決を下す。だから、君はその少年のご機嫌をとらなくてはならないのだ。ところが少年は、君のご機嫌をとろうとはしない。

『自己信頼』（1841年）『エッセイズ　第一集』より

009

純真無垢な人は無敵

大人は、いわば自意識によって牢屋に放り込まれている。自分のセリフや演技で一度でも喝采をあびてしまうと、囚人となってしまうのだ。何百人もの人たちの共感や嫌悪によって監視されることになり、そんな人たちの意向を無視して行動することができなくなる。

こんな囚人状態にありながらも、自分の言動をいっさい無効にして、ありのままで偏見がなく、取り込まれることも恐れることもなく、純粋無垢に見ることのできる人は、いつどんなときでも無敵であるに違いない。そういう人は、自分の目の前をすぎゆくできごとを、個人的なものではなく、必然的なものだとして自分の意見を述べるので、その発言は聞く人の耳にダーツのように刺さり、恐怖を感じさせることになるだろう。

こうした声は、ひとりでいるときに聞こえてくるものだが、世間のなかに入ると、かすれて聞こえなくなっていく。社会には、いたるところに勇気を奪う陰謀があふれている。


『自己信頼』（1841年）『エッセイズ　第一集』より

世間への迎合は自己信頼の敵

社会は、株式会社のようなものだ。出資者ひとりひとりに配当というパンを確保するため、利益を受け取る人の自由や、人間として成長するための機会を会社に明け渡すことをメンバー全員が同意している。世の中でもっとも要求される美徳は、順応だ。自己信頼は、嫌われる。実質や創造ではなく、名目や慣習が愛される。

真に一個の人間であろうとするなら、世間に迎合する人であってはならない。不滅の栄冠を得たいと思う者は、善という名目に妨げられてはならず、それがほんとうに善であるか探究しなくてはならない。

つまるところ、自分自身の精神が清廉潔白であることのほか、神聖なものはない。自分が潔白だと自己弁護すれば、いずれ世の中から同意を得られることになる。

『自己信頼』(1841年)『エッセイズ 第一集』より

011

自分の本性にしたがって生きよ

まだずいぶん若かった頃、信徒たちから尊敬されていた教会の顧問に向かって、衝動的につい口にしてしまった発言を覚えている。その人は、教会の大事なふるい教義をうるさく押しつけてくる人だった。それは、つぎのような問答であった。

「完全に内面の声にしたがって生きるとすれば、伝統の神聖さに対して、わたしはどうしたらよいのでしょう?」

「だが、そういう衝動は、地獄からあがってくるものであって、天からおりてくるものではないだろう?」

「わたしには、そうは思われません。わたしがもし悪魔の子だったら、悪魔にしたがって生きるまでのことです」

わたしにとって、自分の本性から発するもの以外に、神聖な法則などありえないのだ。

『自己信頼』(1841年)『エッセイズ 第一集』より

012

権威やブランドに盲従するな

善も悪もたんなる名目にすぎない。いとも簡単に善悪は入れ替わる。ただしいものはただひとつ、わたしの本性にしたがっているものだけだ。不正なものは、わたしの本性に反するものだけだ。

あらゆる反対に直面しても、あたかも自分以外のものはすべて名目にすぎず、はかない命しかもたないかのように振る舞うべきだ。

わたしたちが、いかに簡単にバッジや名前に屈服し、大きな団体や死に体の組織に屈服してしまうか、そんなことを考えただけでも恥ずかしい。立ち居振る舞いもことば遣いも上品な人であれば、どんな人でもわたしは心を動かされ、不当にもしたがってしまう。

わたしは、姿勢をただし、はつらつとして耳に痛い真実を語らなくてはならない。

『自己信頼』（1841年）『エッセイズ　第一集』より

013

見栄を張るな

わたしの人生は、自分が生きるためにあるのであって、他人の目を気にした、見てくれのためにあるのではない。キラキラしているが不安定な生活より、ほんものでいつわりなく、しかも平穏無事なものであるなら、低レベルなものであってもかまわない。

健康で甘美なものであることを願うのであって、食事療法や出血をともなう手術など不要であることを願う。

君に求めるのは、君自身がひとかどの人間であることを示してくれることだ。見てくれの行動でアピールすることなど望んでいるのではない。


『自己信頼』（１８４１年）『エッセイズ　第一集』より

014

行動基準は自分自身に求めよ

わたし自身にとっては、世間で立派だとされているような行為をしようがしまいが、どっちでもいいことだ。人間として生まれながらもっている権利があるのに、あえて特権を得るためにお金を払うことなど、同意できるものではない。

たとえ、わたしの才能が乏しくて平凡なものであっても、わたしはこのとおり存在しているのであって、わたしが存在することを、わたし自身やわたしの仲間を納得させるために、わざわざ二義的な証拠をもちだす必要もない。わたしがやらなければならないのは、わたしにかかわることすべてであって、他人が考えていることではない。このルールは、実際生活においても知的生活においても等しく困難なものであるが、偉大か平凡かを完全に区別することに役立つことであろう。このルールを守るのが困難なのは、君がなすべき義務がなんであるか、君自身より知っていると思っている人が世間には多いからだ。

『自己信頼』（1841年）『エッセイズ　第一集』より

015

群衆のなかにひとりで立つ勇気をもて

世間のなかにいるときは、世間の考えにしたがって生きるほうが簡単だ。ひとりのときなら、自分自身の考えにしたがって生きるのは簡単なことだ。だが、偉大な人は、群衆のなかでも、ひとりのときの独立心を保つことができて、しかも完璧に温和な態度で接することができるのである。

『自己信頼』（1841年）『エッセイズ　第一集』より

＊ガンディーにも同様の趣旨の発言がある。「群衆のなかに立つのは簡単だ。だが、一人で立つには勇気がいる。／数の力に頼るのは、臆病者の喜びだ。勇者は、ただ一人戦うことを心のなかで誇りとする」（『ガンディー強く生きる言葉』055）。ガンディーは、エマソンとその弟子で友人であったソローから大きな影響を受けている。

016

君は君の仕事に専念せよ

君にとっては、すでに死んでいる慣習がいくつもある。だが、そんな慣習にしたがう必要などない。自分の精力が浪費されるだけだからだ。時間のムダであり、君という人格の印象がぼやけてしまう。

だが、君は君の仕事をするべきだ。そうすれば、わたしは君がどういう人物かがわかる。君は、君の仕事をするべきだ。そうすれば、自分自身を強化することになる。誰もが目隠し状態で、この「順応ゲーム」をやっていることを認めなくてはならない。

『自己信頼』（1841年）『エッセイズ　第一集』より

017

言動の矛盾を恐れるな

わたしたちを怖がらせて、自己信頼から遠ざける恐怖がある。それは、言動が一貫していなくてはいけないという思い込みだ。自分が今後どういう方向に進んでいくのか、他人の目には、予測するためのデータは過去の言動のほかにはないからだ。また、自分としても彼らの期待に背きたくないからでもある。

だが、なぜいつも首尾一貫していなくてはならないのだ？　なぜ公の場でのあれこれの言動と矛盾しないよう、すでに死骸となった記憶を引きずり回さなくてはならないのだ？　もし矛盾していたとして、いったいそれがなんだというのだ？　智恵ある人のルールとは、こういうものだろう。まれに純粋に記憶がはたらく場合にも、けっして記憶だけには頼らず、あらゆる角度から過去を検証し、あらたな一日を生きることである。

『自己信頼』（1841年）『エッセイズ　第一集』より

018

偉大ということは、誤解されることだ

愚かな首尾一貫というのは、小さな心が生み出すお化けで、小心者の政治家や哲学者、聖職者があがめてやまないものだ。

一貫性など、偉大な魂には、無縁な存在だ。いっそのこと、壁に映った自分の影にでも関心をもったほうがいいのではないか。いま自分が考えていることを、そのまま語ればいい。きょうの発言とすべて矛盾しているとしても、あしたにはあした考えることを、また語ったらいい。

「でも、そんなことしたら、間違いなく誤解されますよ」という声が聞こえてくる。だが、誤解されるのは、そんなに悪いことなのだろうか？　ピュタゴラスは誤解された、ガリレオもニュートンもまた誤解された。かつて生身の肉体に宿った純粋で賢い霊は、すべて誤解されてきた。偉大ということは、誤解されることなのだ。

『自己信頼』（１８４１年）『エッセイズ　第一集』より

019

正直な言動は調和がとれている

わたしたちは、あるがままの姿で見られている。人格は、自分の意思を超えて伝わってしまうものだ。おもてに現れた行動だけで美徳や悪徳が伝わる、人はそう思いがちだが、美徳や悪徳は時々刻々と息を吐きつづけていることを見ていない。

どんなに多様な行動でも、そのときどきで正直で自然なものであれば、たがいに相違することなく一致しているものだ。同一人物のものだからこそ、いっけん異なるように見えても、調和のとれたものとなるからだ。

ちょっと距離をとって、ちょっと高度をあげて考えてみよう。そうすれば違いなど見えなくなる。同一傾向ですべてが統合されるのである。最高の帆船でさえ、その航路はジグザクを描いているものだ。充分な距離をとって眺めてみれば、平均的にまっすぐになっていることがわかる。

『自己信頼』（1841年）『エッセイズ　第一集』より

ただしいことを、いま行う

本心から出た君の行動は、それじたいが説明になっている。君のさまざまな誠実な行動もまたおなじだ。

迎合していては、なにも説明したことにならない。迎合することなくひとりで行動すれば、過去にひとりでしてきた行動が、正当なものだと説明されることになる。

偉大さは、未来に向けてアピールするものだ。もしわたしが、まっすぐにただしいことをきょう行い、世間の眼差しを軽蔑することができるなら、いま自分を守ってくれるよりただしいことを、以前から行っていたに違いないのだ。

いずれにせよ、ただしいことを、いま行うことだ。見かけのよさはつねに軽蔑することだ。そうすれば、いつでもそうすることができるだろう。

『自己信頼』（１８４１年）『エッセイズ　第一集』より

偉い人が自ら訪問してくるような人になれ

迎合とか首尾一貫とか、そんなことばを耳にするのは、これが最後になってしまえばいい。最近ではそう思っている。頭を下げたり、謝罪するのはもうやめにしよう。

偉い人がうちに食事にくるが、こちらからお願いするのではなく、ぜひ訪問したいと思ってくれることを願いたい。現代のあたりさわりのいい凡庸さと、いやしい満足というものは、公然と叱り飛ばしてやろうじゃないか。歴史を貫く事実を示して、顧客や商取引や役人の顔めがけて投げつけて、目を覚まさせてやろうじゃないか。その事実とは、人間がはたらく場所ならどこでも、その背後では責任ある偉大な「思索者」や「行動家」がはたらいていること、そしてほんとうの人間はものごとの中心であり、「いま、ここ」以外のいかなる時空にも属していないということだ。

『自己信頼』（1841年）『エッセイズ　第一集』より

自分の潜在能力を過小評価するな

自分の価値を知り、なにごともみな自分の足もとに踏みつけておくべきだ。だが、凡人たちは、塔を築き、大理石の彫刻をつくった力が自分のなかにもあることを知らない。自分自身に価値があること見いださず、塔や彫刻を仰ぎ見ては、みじめな気持ちになってしまう。宮殿や彫像、高価な書籍は、そんな人にとっては、従者をしたがえた馬車のようなものだ。自分とは無縁で近寄りがたいように思われ、「あなた誰ですか？」と言われているように感じてしまうのだ。

ところが、そういうものはすべてみな、その人の所有物なのだ。気がついてほしい、その人の能力を発揮して、どうか精神的に自分のものとしてほしいと嘆願しているのである。絵画はわたしの判断を待っている。賞賛を求められても、命令されるのではなく、わたしのほうから決着をつけてやらなくてはならない。

『自己信頼』（1841年）『エッセイズ　第一集』より

023

他人の言動に惑わされるな

孤独は、世間から身を離すといった、機械的で無反省なものであってはならない。霊的なもの、つまり精神的な向上を目指さなくてはならない。

ときどき、世の中全体がよってたかって共謀し、まったくささいなことで君を悩ますように思われることがある。友人、取引先、子ども、病気、恐怖、欠乏、慈善、そういったさまざまなものごとが、同時に君の私室のドアをノックして、こう言うのだ。「さあ、こちらへおいで」と。

だが、君はうろたえることなく、どっしりと構えていたらいい。こうした欺く人たち、欺かれる人たちの期待どおりに生きることは、もうやめようではないか。

『自己信頼』(1841年)『エッセイズ 第一集』より

024

後悔や不満の原因は自己信頼の欠如

いつわりの祈りには、後悔というものもある。不満というものは、自己信頼が欠けていることから生じる。つまり、意志が弱いから不満が生じるのだ。

災難に苦しんでいる人を助けることができるなら、大いに悔やんだらいい。もしそうでなければ、自分の仕事に専念することだ。そうすれば、災難にはじきに慣れ始める。同情心というものは、後悔と同様にいやしいものだ。

愚かにもめそめそ泣いている者がいたら、電気ショックで真実を知らしめ、健康をあたえるかわりに、そばにいって腰をおろしてもらい泣きしてやればいい。めそめそ泣いている者が、自分自身と向き合うように仕向けるために、そうするのだ。

『自己信頼』（1841年）『エッセイズ　第一集』より

025

自分自身に固執することで天才になる

自分自身にこだわることだ。けっして人まねなどするな。天からあたえられた君の才能は、いついかなる瞬間にも示して見せることができる。それは、これまで全人生をかけて積み重ねてきた自分自身の力だからだ。だが、他人の才能を借りてきたのでは、その場しのぎの、中途半端な力でしかない。

英国の劇作家シェイクスピアを教えることのできた師匠など、いったいどこにいるというのだろうか？　フランクリンは、ワシントンは、ベーコンは、ニュートンはどうだろうか？　偉大な人は、みな唯一無二の存在だ。シェイクスピアをいくら研究しても、シェイクスピアになることはできない。

『自己信頼』（１８４１年）『エッセイズ　第一集』より

026

自分がやるべきことをなせ

自分に割り当てられたことをやりなさい。そうすれば、身の程を超えた大それた望みをもつこともないし、大胆になりすぎることもないだろう。

いまこの瞬間にも、君には大胆で偉大な表現が可能なのだ。それは、古代ギリシアの彫刻家フェイディアスの鑿《のみ》が、古代エジプト人の鏝《こて》が、あるいは旧約聖書の預言者モーセや、中世イタリアのダンテのペンがもたらした作品に劣らず、しかもそれらすべてと異なる、君自身の表現なのである。

この限りなく豊かで雄弁で、多彩な表現方法をもった魂は、まさかおなじことを繰り返したりなどしない。だが、独自の道を切り拓いた、こうした先人たちの声を聞くことができるなら、君もまたおなじピッチで返答できるはずだ。この素朴で高貴な領域にとどまり、自分の心にしたがいなさい。そうすれば、前世の「理想世界」が現世に再現されることになる。

『自己信頼』（1841年）『エッセイズ　第一集』より

027

「財産」を信頼するな

財産を信頼することは、財産を守ってくれる政府への信頼もふくめて、自己信頼が欠けていることを示すものだ。人びとは宗教関連や学問関連、その他もろもろの民間制度を財産の守り手として尊重してきた。そのため、これらの民間制度に対する非難を、自分の財産に対する攻撃と感じて非難する。その人の持ち物で判断し、その人そのもので判断しないのだ。

だが、教養ある人は、自分の財産を恥じるようになる。財産は自分に属するものではなく、革命や強盗が奪い取らないからそこにあるにすぎないと思うからだ。「人生運というものは、お前のうしろから追いかけてくるものだ。だから、幸運を願ってあくせくしてはならない」と、第4代カリフのアリーは言っている。自分の外にあるものに依存することは、奴隷のように数字をあがめることになってしまう。

『自己信頼』(1841年)『エッセイズ 第一集』より

028

なにひとつ他人には求めるな

人間がつよくなり、圧倒するようになるのは、外的な支援をいっさい捨て、ひとり立ちしたときだけだ。ところが、ひとり立つ人間がかかげる旗印のもとに人が増えていくごとに、その人は弱体化してしまう。ひとり立つ人間は、人間の集団である都市よりもすぐれた存在ではないだろうか？

なにひとつ他人には求めるな。そうすれば、永遠に変化しつづける世の中で、ぐらつくことのない唯一の柱である君は、まわりをとりまく人びとの支柱として現れるに違いない。

パワーは生まれながらのものであり、自分が弱いのは外部にパワーを求めてきたからだと知り、そう悟ってためらうことなく自分の考えに身を投じる人は、自分をただしてまっすぐ立ち、からだ全体をつかって奇跡を行うのである。それはまさに、自分の脚で立つ人が、逆立ちしている人より強いようなものだ。

『自己信頼』（１８４１年）『エッセイズ　第一集』より

II

人間には無限の可能性がある

029

どんな人にも無限の可能性がある

人間のもつ計り知れない可能性を前にしたら、たんなる経験などそのすべてが、過去の履歴などそのすべてが、たとえそれが汚れなく聖なるものであったとしても、ことごとく消え去ってしまう。わたしたちが思い浮かべる天国を前にしたら、いままで読んできたような伝記など、どんな形のものであっても、気楽に褒め称えることなどできなくなる。

わたしたちは、偉人などほとんどいないと断言するだけでない。絶対に偉人などひとりもいないのだ。わたしたちには歴史などない。わたしたちを満足させてくれるような人格や、生き方の記録など、まったくないのである。

『大霊』（1841年）『エッセイズ 第一集』より

030

人間の生涯は拡大していく円である

人間を理解するカギは、その人の思想だ。どんなに頑強で反抗的な面構えに見える人も、じつは舵をとられているのである。その舵とは理念のことだ。その人を更生させるには、あらたな理念を示してやるしかない。

人間の生涯は、みずから拡大していく円である。その円は、目に見えないほど小さな輪から始まり、あらゆる方面に拡がって大きな円となり、その動きは永遠につづいていく。このような円の生成発展は、個人のもつ魂の力次第だ。

もし魂が機敏で強力なら、あらゆる境界を突破して、大海原に軌道を拡げていく。海の高い波は、魂の拡大を阻止して束縛しようとするが、魂は投獄されることを拒否する。最初の小さな小さな輪でさえ、すでに大きな力で外に向かって拡がっていこうとし、数えることのできないほど果てしなく拡大していくのだ。

『円』（1841年）『エッセイズ　第一集』より

031

競争をつうじて自己を拡大していく

わたしたちには外部はなく、閉じ込める壁もない。円周などないのだ。こんなシーンを想像してみよう。ある人が物語を語り終える。すばらしい！　これ以上ない！　すべてが一新された！　その人は空にむかってそびえ立つ。ところが、見よ！　反対側には別の人が立ち上がり、ついさきほど最高だと宣言された円のまわりに、あらたな円を描いているではないか。このとき、最初に話した人は、すでにすばらしい人ではない。ただ単に最初に話した人になってしまっている。その人の回復策はただひとつ、円のまわりに、あらたな円を描くことだけだ。わたしたちはみな、独力でこれを実行している。

あすの思想には、君の信条すべてを、あらゆる信条も世界中の文学もひっくり返す力があり、どんな叙事詩も夢想したことのないような天国へと、君を導いていく力がある。人間は、「そうである」という状態よりも、「本来そうあるべき」という姿を暗示している。人間は、つぎの時代の預言者として歩いているのだ。

『円』（1841年）『エッセイズ　第一集』より

032

つねに向上意欲をもって高みを目指せ

現在の自分よりも自分を高め、最高に達したはずの高みから、さらにひとつ調子を高めようとするたゆまぬ努力が、人間の結ぶさまざまな関係にあらわれる。承認してもらうことを渇望していても、承認してくれた人を許すことができないのは、そのためだ。

人間の成長は、友人たちがつぎからつぎへと結成していく聖歌隊を見ればわかる。真理のために友人をひとり失うたびに、さらにすぐれた友人がひとり得られる。

限界がわかってしまうと、関心は消えていく。罪はただひとつ、限界をもうけることにある。君がある人の限界に到達したとたん、その人は終了だ。その人には才能があるのか？　進取の気性があるのか？　知識があるのか？　いや、役に立たない。

きのうまで、その人は無限に魅力的であり、偉大な希望であり、そのなかに飛び込んで泳ぐべき海だった。いまや岸辺が見え、海ではなく池だったことがわかってしまった。もはや、二度と見ることがなくてもかまわないという気持ちになっている。

『円』（１８４１年）『エッセイズ　第一集』より

033 「教育」ではなく「直観」こそ重要だ

独自のものであれば、あらゆる行為には引き寄せる磁力がある。なぜ自分を信頼すべきなのか、その理由を究めれば、引き寄せる磁力についての説明がつく。「信託される者」とは誰か？　宇宙全体の信頼の根拠となる「本来の自己」とはなにか？　こうした問いをつづけていくと、根源にたどりつく。それは、才能と美徳の、そして同時に生命の本質であり、わたしたちが「自発性」とか「本能」とよんでいるものだ。

わたしたちは、この根源的な叡知のことを「直観」と名づける。後天的に授けられた教育とは異なるものだ。この深淵な力のなか、つまり分析によって到達できない最後の事実の背後に万物の共通の起源がある。心穏やかなとき、どのようにして起こってくるかはわからないが、魂のなかにわきあがってくる存在感は、ものごとや空間、そして光や時間、人間とは異なるものではなく、それが一体として、生命や存在とはおなじ根源から生じてくるのである。

『自己信頼』（１８４１年）『エッセイズ　第一集』より

034

思考はあくまでも実験だ

わたしは、無意識に自己正当化していることがある。わたしは自分の頭で考え、自分の気まぐれにしたがっている。しかし、そのことが誰かをミスリードしてしまうことなどないよう、わたしはあくまでも実験者であるにすぎないことを、読者のみなさんには気づいてほしい。

わたしは自分のすることを、評価してほしいわけではないし、自分がしていないことに、不信感をもってほしいわけでもない。そんなことをしていると、まるでなんでも真実かウソか、わたしが決めつけているかのようではないか。わたしは、すべてを動揺させたいのだ。わたしにとって、どんな事実も神聖ではなく、冒涜的でもない。わたしはただ実験するだけだ。わたしは「過去」を背負うことなく、終わりなく探求する者なのだ。

『円』（1841年）『エッセイズ　第一集』より

035

なにごとも実際にそうなってみないとわからない

人生は、驚きの連続だ。人生の建設途上にあるとき、あすの気分や喜びや活力は、きょうのうちにはわからない。停滞状態や、ありふれた日常なら、多少は予測できる。だが、魂の成長や普遍的な動きは、神の手による傑作であり、人間の目には見えない。予測不可能なのだ。

真理が神聖で助けになるということまではわかる。だが、どのように助けてくれるかは推測できない。実際にそうなることが、そうだとわかるための、ただひとつの入口だからだ。

『円』（1841年）『エッセイズ　第一集』より

自分事にするための自分軸を確立せよ

自己信頼という美徳は、道徳のなかでもっとも大事なものだ。より活発に自己発見を行い、自分軸をしっかりとしたものにしなくてはならない。そのためには、他人の仕事をやってみようとしたり、他人事を取り入れないことだ。自他の区別を知ることこそ、知恵の主要な教訓だ。自分事に対処するカギはみなもっている。彼らがどう否定しようと、彼らには彼ら自身の自分事に対処するカギがある。

思いやりのある人は、溺れかけている人たちのなかで泳いでいるというジレンマに陥っている。誰もがその人にすがりついてくるが、脚一本でも指一本でもつかまれたら溺れてしまう。彼らは悪徳が生み出す害悪から救われたいと願うが、悪徳そのものから救われたいわけではないからだ。根本原因ではなく症状だけを見て慈悲をかけても無駄になる。賢明で勇敢な医者なら、まずはこう言うだろう。「自分でそこから出てきなさい」と。

『経験』（1844年）『エッセイズ　第二集』より

III

「いまこの瞬間」を生きよ

037

「いまこの瞬間」を生きる

人間は臆病で言い訳ばかりしている。もはや高潔ではない。「わたしはこう考える」とか、「わたしはこういう者だ」と口にする勇気がなく、聖者や賢者の引用ばかりする。

草の葉や咲いているバラを前にすると、恥ずかしく思う。わが家の窓辺で咲くバラは、以前のバラはどうだったとか、もっと美しいバラはどうだとか、いちいち参照したりしない。バラはバラであって、バラ以外のなにものでもない。きょう神とともにある。バラには時間はない。ただ単にバラなのであり、存在の一瞬一瞬が完璧なのである。

だが人間は、先延ばしして、記憶する。人間は現在に生きていない。顧みては過去を嘆き、身の回りの富にかまうことなく、つま先立ちで未来を予見しようとする。人間は、自然界とともに時間を超え、現在に生きるのでなければ、幸せになることもつよくなることもできない。

『自己信頼』（1841年）『エッセイズ　第一集』より

038

過去にとらわれず現在を生きよ

いま生きていることだけが役に立ち、いままで生きてきたことは役に立たない。動きが止まった瞬間にパワーは止まる。パワーは、過去からつぎの状態に移行する瞬間、つまり深淵を飛び越え、目的に向けて突き進むときに存在する。

世の中が嫌うのは、魂が成長するという事実だ。その事実が、永遠に過去をおとしめて、いっさいの富が貧しさに、いっさいの名声が恥に変わり、聖者が悪党と混同され、イエスも裏切り者のユダも一緒くたに押しやってしまう。

ではなぜ、わたしたちは自己信頼についてしゃべりまくるのだろうか？　それは、魂が存在するかぎり、パワーが存在するからだ。このパワーは確信され固定化したものではなく、いま現在まさに活動しているものである。人はよく信頼について語るが、それは皮相的に語っているにすぎない。むしろ信頼すべき自己について語るべきなのだ。なぜなら、自己は活動し、いま現に存在するからだ。

『自己信頼』（１８４１年）『エッセイズ　第一集』より

039

人生はあっという間だ

いまこの瞬間を終わらせ、路上で歩む一歩ごとに人生という旅の目的を見いだし、最大限によき時間を生きること、これこそ叡智というものだ。人生など、あっという間にすぎてしまうのである。私たちの仕事は瞬間の連続にかかわっているのだから、瞬間を大事につかわなくてはならない。

『経験』（1844年）『エッセイズ　第二集』より

040

いまこの瞬間をそのまま全体として受け止める

世界には、いま目の前にある風景ほどのものはない。永遠の歴史には、いまこの時間ほどの時はない。未来には、現在とまったくおなじ機会はやってこない。さあ、詩人よ、歌え！　アートよ、表現するのだ！

人生というものがすばらしいのは、それがマジカルで美しい音色に満ちているとき、完全にタイミングがあっているとき、そして分析などしないときである。君は、敬意をもって日々を扱わなくてはならない。君自身が一日とならなくてはならない。そして、大学教授のように問いただしてはならない。世界は謎に満ち、あらゆることが口にされ、すべてが知られている。だが、文字どおりに受け取ってはならない。あたたかく受け取るべきなのだ。

『仕事と日々』（１８７０年）『社会と孤独』より

神は、瞬時にはたらく

わたしたちは、一年や十年とか百年とかいう長期の時間に価値を置いていることがある。だが、フランスの古いことわざにあるように、「神は、瞬時にはたらく」のである。

わたしたちは、長生きしたいと願うが、「深い人生」や「偉大な瞬間」のほうに意味がある。時間を計るのに、機械的なものではなく、霊的なものをもってすることにしよう。

人生は不必要に長い。洞察力、すばらしい人間関係、ほほえみ、まばたき。こういった一瞬に、なんと多くの永遠がふくまれていることだろうか！　人生は頂点に達し、そして集中する。ホメロスが言っているように、「神々は、死すべき人間に割り当てられた理性を、たった一日だけ与える」のである。

太陽と太陽のあいだの空間、つまり一日のもつ魅力を示してくれる人だけが、わたしの心を豊かにしてくれる。一日のもつ意味を理解する能力こそ、人間を測る尺度なのだ。

『仕事と日々』（1870年）『社会と孤独』より

042

サーファーのように大自然に身をまかせ、一瞬を永遠に感じること

宇宙では、すべてが間接的に進む。直線で進むことはまったくない。若き日のことだが、ある学者が、こんな話をしてくれたことをいまでもよく覚えている。

「島民たちは、波と遊ぶのが大好きなんだ。よろこんで大波の波頭に乗って渚へ戻ってくると、泳いでまた沖へ出てゆく。こうして何時間も、気持ちいいサーフィンを繰り返しては楽しんでいる。まあ、人生というのは、こんな行ったり来たりの繰り返しなんだな。自己放棄して身をゆだねなくては、偉大なものが生まれてくるはずがない。島々での日々は、内地とはまったく違っていて、ただおなじひとつの対象への完全な愛によって結ばれている。この一時間を充実して生きること、それこそ幸福というものなのだ。おお神々よ、この一時間を充実させたまえ。ことを終えたとき、『見よ、わが人生の一時間がすぎ去った』と嘆くのではなく、むしろ『この一時間を生き切った』と言うべきなのだ」

『仕事と日々』（1870年）『社会と孤独』より

043

生きる深さこそに意味がある

時間から幻想をはぎとり、一日の核心というべきものを見いだそうとすると、瞬間のもつ性質が問題となり、持続する時間の長さなど、完全にどうでもいいことになる。わたしたちが生きる深さこそが重要であり、表面的な広がりなどではまったくない。

わたしたちは、永遠へと突き進んでいく。時間とは永遠のうつろいゆく表面のことだ。思想のスピードが少しでも加速していき、思想のパワーが少しでも増していくと、人生は実際にきわめて長く持続しているように思われてくる。わたしたちは、それを時間とよんでいるが、思想の加速度が増し、思想が深まっていき効果が出てくると、永遠という、より高い名称でよばれるようになる。

『仕事と日々』（1870年）『社会と孤独』より

044

ありのままの現実を受け止めよ

わたしたちはきょう落ち着いて賢く、自分自身であるように努めよう。男性も女性も等しく扱うことにしよう。現実のなかで生きている人間として、また実際にそうなのだから。人間は、自分の空想のなかに生きている。手が震えているので、ちゃんと仕事ができない酔っ払いのようなものだ。それは、空想の嵐というべきであり、ふらふらしないよう落ち着かせるためには、現在という時間をリスペクトするほかない。

この混乱のただなかにあって、疑いの余地なく、わたしがかたく心を定めている信条は、以下だ。延期したり、人まかせにしたり、願望をもつのではなく、自分がいまいるこの場をただしく評価すること。誰を相手にするときも、たとえその人が謙虚であろうと、嫌悪すべきであろうと、リアルな仲間であり、状況として受け入れること。なぜなら、彼らは宇宙がわたしたちのために、その喜びのすべてをゆだねた神秘的な使者たちだからだ。

『経験』（1844年）『エッセイズ　第二集』より

Ⅳ

「目に見えないもの」を意識せよ

045

人間は自分が見たいものしか見ない

夢から夢へと、わたしたちは運ばれ、はてしなく幻想がつづく。人生は、ひもでつながれたビーズのような一連の気分である。そうした気分のなかを通りすぎていくと、さまざまな色をした複数のレンズであることが明らかになる。レンズの一枚一枚は、世界を自分色に染めていて、それぞれ焦点にあるものしか見せてくれない。

山からは、山が見える。わたしたちは、自分にできることに生命をあたえ、自分が生命をあたえるものだけを見ているのだ。自然も本も、それを見る人にのみ属している。夕焼けもすばらしい詩歌も、それをすばらしいと見る人の気分にかかっている。

天からあたえられた才能も、眼球があまりに凸面レンズだったり、あまりに凹面レンズだったりして、現実の人間生活の視界に焦点距離を見つけることができなければ、いったいなんの役に立つといえるのだろうか？

『経験』（１８４４年）『エッセイズ　第二集』より

046

人間の意志を超えた根源

人間は、水源が秘められていて、目には見えない一筋の流れだ。わたしたちの存在は、自分も知らない高みから流れ落ちてくる。まさにつぎの瞬間、なにか計算不可能なものごとによって邪魔されることになろうなどとは、どんなに正確な計算機でも予見できないのである。

わたしたちが自分のものだとよんでいる意志よりも、さらに高い源泉があることを、わたしは一瞬一瞬ごとに思わされるのである。

『大霊』（1841年）『エッセイズ　第一集』より

047

真の自己は光である

対話しているとき、夢想にふけっているとき、悔やんで悩んでいるとき、激情にかられているとき、驚いているとき、夢でお告げを受けているとき、そのとき自分の身に起こっていることを考えてみれば、わかってくることがある。

人間にやどる魂はひとつの器官ではなく、あらゆる器官に命を吹き込んではたらかせること。人間の魂はひとつの機能ではなく、記憶力や計算力、そして比較する能力のような機能を、手足のようにはたらかせること。つまり、魂は能力ではなく、光なのだ。知性と意志を意のままにできるのである。魂は、なにものにも所有されず、所有されることのできない無限者だ。内側から、あるいは背後から、光がわたしたちをとおってものごとを照らし出し、わたしたちは無であり、光がすべてであることを悟らせる。

『大霊』(1841年)『エッセイズ 第一集』より

*エマソンとほぼ同時代に生きた江戸時代後期の儒者・佐藤一斎も、同様の認識に達している。一斎は、「心の霊光」という表現をつかっている。

048

時間を超えて生きる存在がある

誕生日から数える実年齢とは別の青年期や老年期があることを、わたしたちはしばしば感じさせられる。心のなかでは、わたしたちはいつでも若く、いつまでも若いままだ。普遍的で永遠の美を愛する心もまた、そうしたもののひとつだ。瞑想から現実に戻ってくると、こうした思いは、限りある人生ではなく、時間を超えていると感じる。知性の力をわずかでもはたらかせたら、ある程度まで時間の制約から救い出されるのである。

深遠で神聖な思想が、何百年、何千年という時を縮め、あらゆる時代をとおして現れるさまを見てみるがいい。キリストの教えも、最初に口にされたときとくらべれば、いまや感銘はうすくなっているのではないか？　わたしの心のなかにある事実も人物たちも、時間とはなんのかかわりもない。魂のスケールと、感覚や理解力のスケールはまったく別物だ。魂の啓示を前にすると、「時間」も「空間」も、そして「自然」も収縮してしまう。

『大霊』（１８４１年）『エッセイズ　第一集』より

049

自然を学ぶことは、自分自身を知ることでもある

精神が受ける影響のなかで、時間的にもっとも早く、もっとも重要なのは、自然界から受ける影響だ。毎日、太陽が昇り、日没後には「夜」と星たち。いつも風が吹き、草が茂る。毎日、男たちと女たちが会話を交わし、たがいに眺め、眺められる。

自然の美しさとは、自然を学ぶ者自身の精神の美しさである。だから、自然界の法則は、人間精神の法則なのである。自然界について知らないことがあれば、自分の精神について所有していないものがあることを意味する。だから「汝自身を知れ」という古代の教えは、「自然を学べ」という近代の格言と、結局のところおなじことを言っていることになる*。

『アメリカの学者』（１８３７年）

*精神と自然が照応しているという思想を意味している。「汝自身を知れ」はソクラテスが好んでいたデルフォイの神託、「自然を学べ」は、エマソンの親しい友人であった生物学者ルイ・アガシーのモットー。

050

大人は自然をそのまま見ることができない

ほんとうのことをいうと、ほとんどの大人は自然を見ることができない。ほとんどの人は、太陽を見ていない。少なくとも、ひじょうに表面的なものしか見ていない。太陽は、大人の目を照らすだけだが、子どもの目とハートに光をさし込む。

自然を愛する人は、内なる感覚と外に向かう感覚が、たがいにぴったりと息を合わせている人のことだ。大人になっても、幼い頃の魂をもちつづけている人のことだ。自然を愛する人が天地ともつ霊的な交わりは、その人の日々の糧《かて》になっている。自然を前にすると、実際には悲しいことがあっても、激しい喜びがからだのなかをかけめぐる。

太陽や夏だけでなく、あらゆる時間、あらゆる季節が、喜びをもたらしてくれる。風がなく蒸し暑い真昼から、真っ暗で恐ろしい真夜中まで、あらゆる時間が、あらゆる変化が、それぞれ異なる精神状態に対応し、その精神状態がただしいものだと認めるのである。

『ネイチャー』（1841年）『エッセイズ　第一集』より

051

孤独《ひとり》になるには星を眺めよ

孤独になるためには、社会との交わりから身を引くだけでなく、自分の部屋から出ることも必要だ。たとえ誰もそばにはいなくても、読んだり書いたりしているあいだは、わたしは孤独ではない。だが、孤独になりたいなら、夜空の星を眺めてみたらいい。天界からやってくる光線が、自分と自分が触れるものを切り離すことであろう。

星は、見る者にある種の畏敬《いけい》の念をよび起こす。なぜなら、いつもそこに姿を見せているのに、近づくことができないからだ。だが、自然界のものごとは、自分の心を開いているときには、すべておなじような印象をあたえる。

自然は、けっしていやしい姿を見せることはない。もっとも賢い人でも、自然の秘密を奪い取ることはできないし、自然の完全な姿を知りつくして、好奇心を失ってしまうこともない。

『ネイチャー』（1841年）『エッセイズ　第一集』より

052

森のなかで無心になる

森のなかで、人は自分がいままですごしてきた年月を、蛇が脱皮するように脱ぎ捨てる。だから、いくつになっても、いつでも子どものままだ。森のなかでは、永遠に若いままなのだ。神のこの植林場では、礼儀ただしく清浄なものが支配し、永遠に祭儀が繰り返されている。森を訪れた者は、千年たっても飽きることを知らないだろう。

森のなかでは、わたしたちは理性と信仰をとりもどす。そこにいれば、辱めを受けることもなく、災難をこうむることもなく、自然が修復できないような災いはいっさい降りかかってくることはない。森は、わたしに目だけを残してくれる。

むきだしの大地に立って、爽快な空気に頭を洗われ、無限の空間に頭をもたげると、いやしい利己主義はいっさい消え失せる。わたしは、透明なひとつの眼球となる。わたしは無となり、すべてが見える。「普遍者」が全身をかけめぐり、わたしは神とひとつになる。

『ネイチャー』(1841年)『エッセイズ 第一集』より

053

森があたえてくれる最大の喜び

野原や森があたえてくれるもっとも大きな喜びは、人間と植物のあいだの、目に見えない神秘的な関係を暗示してくれることだ。

わたしは、ひとりではないし、知られていないわけでもない。植物はわたしに会釈し、わたしも植物に会釈を返す。嵐のなかで揺れる大枝は、わたしにとって目あたらしくもあり、またなじみ深いものでもある。わたしを驚かせもするが、それでいて未知なるものでもない。そのときの印象は、自分の考えや行動がただしいと思うときに、高遠な思想や、よりよい感情が自分の上に降りてくるようなものなのだ。

『ネイチャー』（1841年）『エッセイズ　第一集』より

054

わたしたちはなにも知らないと自覚する

わたしたちは、探究すべき広大な「宇宙」に感銘を受けるだけでなく、圧倒される思いを抱く。「わたしたちが知っていることなど、まだ知らないことにくらべたら、ほんの一点にすぎないのである」

最近の科学雑誌をどれでもいいから開いてみるとよい。光や熱、電気や磁力、生理学や地質学にかんする諸問題への取り組みについてじっくりと考えて、自然科学への関心が、近いうちに探究しつくされるかどうか、自分で判断してみるといい。

『ネイチャー』（1841年）『エッセイズ　第一集』より

055

「見えるもの」から「見えないもの」を読み取る

たとえ教師に、なにか隠しておきたい考えがあったとしても、生徒たちは教えられた内容だけでなく、教師が隠しておきたかった内容まで教え込まれてしまうものだ。

どのように実行するのか方法が示されなくても、人間は教え込まれた内容の結論を自分で感じ取るものだ。曲線の一部分が示されたら、すぐれた数学者ならその図形の全体像を思い浮かべることだろう。わたしたちは、「見えるもの」から「見えないもの」を推論している。

遠く時代をへだてていても、賢者たちがたがいに理解し合うのはこのためだ。たとえ、自分の意図を著作のなか深く埋め込んだとしても、時が流れ、おなじような精神の持ち主が現れると、かならずや発見されるのである。

『霊の法則』（1841年）『エッセイズ　第一集』より

056

運や偶然にまかせるな

「運命」とよばれるものは、すべて活用せよ。たいていの人は、運にまかせてギャンブルし、すべてを手に入れるか、すべてを失うことになる。だが君は、こうして得たものを法に反するものとしてしりぞけ、神の法官ともいうべき「原因と結果」の法則にしたがうべきだ。強い「意志」を貫けば、「偶然」の車輪はチェーンでしばられて動けなくなり、運命の変転にもてあそばれる恐れのない場所に座っていることができるだろう。

嬉しいことや幸運なできごとがつづくとテンションがあがり、幸せな日々が待ち受けているように思うようになるかもしれない。だが、そんなことを信じてはいけない。

君に平和をもたらすことができるのは、君自身以外にはない。君に平和をもたらすことができるのは、自己信頼という原理原則の勝利以外にはないのである。

『自己信頼』（1841年）『エッセイズ　第一集』より

V

「自然法則」はすべてにはたらいている

057

すべてがつねに変化している

自然界には、固定したものはひとつもない。宇宙は流動し、浮動している。永続などというのは、程度を表現することばにすぎない。わたしたちの地球も、神の目から見たら一個の透明な法則であり、事実の集積ではない。

古代ギリシアですばらしい彫刻をつくった天才たちも、いまやどこかに消えてしまった。天才たちはいま、べつのものをつくっている。あたらしい思想が生まれると、ふるいものは奈落に転落していくが、それを避けることはできないのだ。

あたらしい大陸が、ふるい惑星の残骸からつくられる。あたらしい種族が、先行する種族を分解した腐敗物で養われる。あたらしい技術は、ふるい技術を破壊する。水道橋への投資は水力学の発達によって、城塞は火薬によって、道路や水路は鉄道によって、帆船は蒸気機関によって、その蒸気機関は電気によって、いずれも無用となってしまった。

『円』（１８４１年）『エッセイズ　第一集』より

058

あしたになったら考えが変わるのは当然だ

わたしたちには、さまざまな気分があるが、気分には相反するものがある。きょうのわたしには、さまざまな考えが充ち満ちていて、自分が書きたいことを書くことができる。あしたになったら、きょうのように書けないだろうなどとは、考えることもしない。

わたしが書くものは、書いているときには、世界中でもっとも自然なことだと思える。ところが、きょうはいくらでも書くことができるのに、きのうはまったくできなかった。見えていたのは、荒涼とした空虚だけだ。さらに1ヵ月もたてば、こんなに連続して何ページも書いたのはいったい誰だったのだろうと、不思議に思うにきまっている。

ああ、なんと悲しいことよ。意志薄弱なこの信念、力強さのないこの意志、満ち潮は大きな引き潮に変わってしまった！　わたしは本性においては神であるのに、壁際に生える雑草にすぎないとは。

『円』（1841年）『エッセイズ　第一集』より

059

失うものがあれば得るものもある

ものごとには両極がある。作用と反作用は、自然界ではどこでも出会うものだ。たとえば、闇と光、熱さと冷たさ、潮の満ち引き、男と女、吸う息と吐く息、遠心力と求心力、など無数にある。針の一端に磁気を帯びさせると、反対側には対極の磁気が生じる。南が引けば、北が反発する。こちらを空っぽにするには、あちらを一杯にしなくてはならない。

ある種の必然的な二元性が自然界をふたつにわけている。ものごとは半分にすぎず、完全になるためには反対物が存在することを暗示している。たとえば、精神に物質、男に女、奇数に偶数、ウチにソト、主観に客観、上には下、動作に停止、「はい」には「いいえ」。

世界を構成する部分はすべてそうなっている。システム全体が、個別の部分に現れ、自然界と人間の条件の基礎となっている。過剰は欠乏を生み出し、また欠乏は過剰を生み出す。失ったものがあれば、なにか別のものが手に入る。手に入れたものがあれば、なにかを失うのである。

『償い』（1841年）『エッセイズ 第一集』より

060

ものごとはすべてギブ・アンド・テイク

ものごとはすべて「ギブ・アンド・テイク」で調和がとれており、あらゆる行為には代価がともなうという教義がある。代価を支払わなければ、欲しいものとは似ても似つかぬものしか手に入らず、代価なしに手に入れることは不可能という教義のことだ。

この教義は、貸し方・借り方というかたちで会計帳簿にあらわれるものだが、それは国家予算や光と闇の法則、自然界に存在するすべての作用・反作用に劣らず崇高なものだ。

この法則は、ただしい行動にはすべて確実に適用される。愛したら愛される、というではないか。愛というものは、方程式の両辺が等式で結ばれているように、すべて数学的にただしいのだ。

『償い』(1841年)『エッセイズ　第一集』より

061

自然の法則は経済にもはたらく

富は、それじたいに「チェック・アンド・バランス」の機能をそなえている。政治経済学の基礎は、不干渉にある。唯一の安全ルールは、需要と供給の自動調整機能にある。だから、法律で規制してはいけないのだ。下手に介入して贅沢禁止法などを導入すると、経済の筋肉が切れてしまう。補助金などあたえてはいけない。公平な法律をつくればいい。生命と財産さえ保証すれば、施しなど必要ない。

才能と徳のある者には、チャンスの窓を開いてやるべきだ。そうすれば、彼らはみずからただしく振る舞うので、財産が悪人の手に落ちることはないだろう。自由で公正な国家では、財産は怠け者と愚か者から、勤勉で勇敢で忍耐強い人物に移っていく。

自然法則は、商業でもはたらいている。「需要と供給の法則」によって価値が均衡するのは、平均海面が保たれているのとおなじだ。崇高な法則は、原子においても銀河においても、関係なくはたらいているのだ。

『富』（1860年）『人生訓』より

062

極端なものごとはつづかない

富が増えれば、それを利用しようとする人間も増える。だから、富を増やしてため込みすぎると、その分だけ奪い取られることになる。財産は増えるが、その持ち主を肉体的にも、精神的にも殺してしまう。「自然」は、独占や例外が嫌いなのだ。ある種の平準化しようとする事態がつねに発生する。つまり、横柄で、強者で、金持ちで、幸運な者たちは、その他の多数と同一水準に引きずりおろされることになる。

自然界のこの法則が、都市や国家の法律に書き込まれている。この法則に抵抗して、人を集めて組織をつくり、陰謀をたくらんでもムダなことだ。ものごとは、誤った運用が長期化することを許さないからだ。たとえ、あらたな悪を抑止するものが現れなくても、抑止する手立ては存在するし、現れてくるのである。たとえ、圧政を行おうとも、政府の命運は安全ではない。過酷な税を課せば、かえって歳入はゼロになるだろう。

『償い』(1841年)『エッセイズ 第一集』より

063

財産と権力の腐敗はかならず復讐される

普遍的なものだろうが、ある階級に特有のものであろうが、社会で行われてきた悪しき弊害も、財と権力の不正な蓄積も、それらはすべておなじ方法で復讐される。

恐怖心は、すばらしく賢明な教師であり、あらゆる革命の先駆者である。その教えのひとつは、恐怖心が現れるところ腐敗あり、というものだ。恐怖心は、いわば腐った死肉をあさるハゲタカである。なにを狙って空を舞っているかわからないが、かならずどこかに死臭を放つ悪弊があるのだ。

わたしたちの財産は、びくびくしている。法律も、知識階層もみな、平民を恐れて金持ちと政府に媚びておどおどしている。恐怖心というハゲタカは、何世紀にもわたって、政府と財産の上を舞ってきた。あの不愉快なハゲタカが、理由もなく空を舞っているはずがない。かならずただされなければならない、重大な悪事の存在があることを教えているのだ。

『償い』（1841年）『エッセイズ 第一集』より

064

文明の進歩と人間の退化は裏腹の関係

社会は、けっして進歩しない。一方で進歩すれば、他方で後退する。あたえられたら、かならずなにかが取り上げられる。

あらたな技術が手に入ると、社会からふるい本能が失われる。文明人は馬車をつくったが、自分で歩くという自由を失った。松葉杖に支えられると、その分だけ筋肉の支えを欠くことになる。スイス製の高級腕時計をつけていると、太陽を見て時刻を知るスキルがなくなる。グリニッジ航海暦は、もっていればすぐに必要な情報を見つけることができるので、一般人は天空の星ひとつ知らない。夏至や冬至がきてもわからないし、春分や秋分も同様だ。暦に書いてあるので、心のなかには指針はない。手帳に書くので、記憶力が減退する。蔵書が増えると、頭には負担がかかりすぎる。保険代理店が増えれば、事故も増える。

『自己信頼』（1841年）『エッセイズ　第一集』より

Ⅵ 人生とはパワーの探究だ

065

人生とはパワーの探究だ

人間と自然のあいだに目に見えない絆があり、精神のおもむくところ自然もどこにでもついてゆくのだとすれば、磁力によって物質と元素のパワーを引き寄せる人が、おそらく存在するのだろう。そんな人が現れると、その人のまわりには、道具となってはたらく巨大な組織がつくり上げられることになる。

人生とは、パワーの探究だ。パワーこそ、この世界にみちみちている元素であり、どんな割れ目にもすき間にもパワーはやどっている。だから、正直な人がパワーを求めてゆけば、かならず見つけることができるのだ。

人間は、さまざまなできごとと所有物を、このすぐれた金属を含む鉱石として重んじなくてはならない。とはいえ、もしこの貴重な鉱石のもつ価値が、パワーという形で身につくなら、どんなできごとも所有物も、いや肉体の呼吸さえ捨て去ってかまわないのだ。

『パワー』（1860年）『人生訓』より

066

なぜ知識だけでは勝てないのか？

動物にかぎらず人間どうしの場合も、力量の比較が行われる。人間のあいだでは、ひじょうに礼儀正しく、だが決定的な形で行われる。両者が出会って対面して以後、一方は他方に服従することになる。

どちらも、他方の目のなかに、自分自身の運命を読み取るのだ。弱いほうは、自分のもっている情報や知恵が不足していたことがわかる。だが、もしその人が、百科事典の項目をすべて知り尽くしていたとしても、役には立たない。というのは、強いか弱いかは、知識の量ではなく、精神や態度が冷静沈着であるかどうかにかかわっているからだ。

知識にかんしては、弱かったほうも強かったほうも、たいして違いはないのだろう。だが、弱かったほうは、肉体的な頑健さも丈夫な胃腸ももち合わせておらず、その知力は鋭すぎるか鋭さに足りないか、そのどちらかなのだと思われる。

『パワー』（1860年）『人生訓』より

067

パワーの善悪はつかい方しだい

仕事を思いついて実行するパワーは、過剰になるとみずからを傷つけてしまうことがある。斧《おの》は木を切るためにあるものだが、力あまって指を切断してしまうことがあるように。だが、このような悪のパワーには、救済策がないわけではない。

人間が助けをもとめてよび込む要素は、すべてが人間の支配者、とくに巧妙な力をそなえた支配者になってしまうことがある。では、人間は、蒸気や火や電気を放棄してしまうべきだろうか？

この種の力すべてに対するルールはこうだ。プラスになるものはすべて善である。ただし、それをただしい場所に置くことが肝心なのだ、と。

『パワー』（1860年）『人生訓』より

068

手を動かせ！　まずはやってみよ！

ポジティブな人間は、全人類の尊敬を独占してしまう。彼らこそ、あらゆる偉大な事業を創造し、それを実行するからだ。

ミケランジェロが、システィーナ礼拝堂の壁画を、まったく経験のないフレスコ画で描くことを余儀なくされたときのことだ。バチカン宮殿の教皇の庭園へおりていくと、シャベルで黄土色の土を掘り出し、自分の手で膠《にかわ》と水で混ぜ合わせ、何度も試行錯誤した後、ハシゴをのぼって壁画を描き、一週また一週、一月また一月とつづけて、ついにシビュラや預言者たちを描き上げたのであった。

ある画家が、わたしにこう語ってくれたことがある。「失敗した人は、夢想ばかりしていたのだ。アートの世界で成功するには、上着を脱いで絵の具を溶かし、鉄道工事の作業員のように、来る日も来る日もはたらかなきゃダメなんだ」と。

『パワー』（1860年）『人生訓』より

069

「知行合一」を目指せ

人間は、自分の仕事を選ばなくてはならない。自分の頭脳で可能なものだけ取り入れ、それ以外はみんな捨ててしまうのだ。そうすることによってのみ、生命力が全集中し、知識から行動への移行が可能となる。

ただ漫然と見ているだけで、知識から行動へと一歩進める人はほとんどいない。この一歩こそ、チョークで描いた愚かさという円から、豊かな実りの世界へと踏み出すことなのだ。この一歩を欠いているからこそ、成功しないアーチストがいる。ミケランジェロやチェッリーニ*の雄々しい姿を見て、このアーチストは絶望にかられて眺める。彼もまた、その思想のなかに「自然」や「原動力」をもっている。だが、その全存在を集中させてひとつの行動に突き進んでいく衝動は、持ち合わせていない。

『パワー』(1860年) 『人生訓』 より

*ルネサンス期イタリアの彫金師で彫刻家チェッリーニには、破天荒な人生をつづった『自伝』がある

070

パワーを一点集中させよ

集中こそ強さの秘密だ。これは政治でも、戦争でも、ビジネスでもおなじことだ。要するに、人間にかかわる実務の処理には、すべて共通する。

「どうしてこんな発見ができたのですか？」そんな問いに対するニュートンの返答は、すぐれた逸話のひとつになっている。「つねに心をそこに向けることによって」

政治から例を引いてくるなら、プルタルコスの『英雄伝』（対比列伝）にこんな話がある。古代ギリシアの都市国家アテネ全盛期の政治家、ペリクレスにかんする逸話だ。

「アテネの市内全体で、ペリクレスの姿がいつでも見かけられる通りがただひとつだけあった。それは、市場《いちば》と議会場《ぎかいば》につうじる通りだった。宴会への招待はすべて断わり、華やかな会合や交際はことごとく避けた。執政であった全期間をつうじて、友人の食卓で食事をしたことは一度もなかった」

『パワー』（1860年）『人生訓』より

071

ひとつの事業に全集中せよ

集中こそ強さの秘密である。実業界から例を引いておこう。大富豪ロスチャイルド*にかかわるこんな逸話がある。ある青年実業家に向かって、ロスチャイルドは自身の子どもについてこう語っている。

「子どもたちが、全身全霊でビジネスに向かうことが私の希望だ。それが幸福になる道だからね。大きな財産をつくるのには、膨大な量の大胆さと細心さが必要だよ。若者よ、君はひとつの事業にこだわりなさい。ビール醸造業という君の商売にうち込めば、君はロンドンでいちばんになるだろう。専念するのだ。銀行家と販売業者と醸造業者を一身に兼ねようとすれば、君はたちまち破産者として官報に公告されることになるぞ」**。

『パワー』（1860年）『人生訓』より

* 英国ロスチャイルド家初代のナサニエル・メーヤー・ロスチャイルドのことであろう。

**世界一の大富豪となった米国の鉄鋼王カーネギーも、おなじ趣旨の発言をしている。

072

スピードが大事。即断即決せよ

物知りなどいくらでもいる。理解力にすぐれ、粘り強い人もたくさんいる。だが、彼らは意思決定のスピードが遅い。時々刻々と変化する事態のなかでは、とにかく決定しなければならない。ベストでなくてもいい。可能な範囲内でいいのだ。どんな決定でも、なにもしないよりましだ。

結論に達する道は20もあるが、最短ルートはひとつだけだ。とにかく、ただちに一本の道を歩き始めるのだ。自分が知っていることのすべてを、瞬時につかうことのできる人は、知識をもっていてもスピードの遅い人間より、10倍以上の価値がある。

議会で名議長とうたわれる人は、議場でのかけひきは得意ではないが、即座に決断をくだせる人のことである。すぐれた弁護士とは、心から依頼人の味方となり、依頼人を苦境から救い出すことのできる人のことである。

『パワー』(1860年)『人生訓』より

073

才能なければ反復訓練あるのみ

持って生まれた気質の代わりになるのは訓練である。つまり実用性と日用性が生み出すパワーのことだ。競走馬のサラブレッドより、乗用馬のほうが乗馬向きなのはそのためだ。人間の行動においても、瞬発力よりも持続的な訓練のほうが重視される。物理的な力を一瞬に圧縮するのではなく、おなじ量の力を長時間に引き延ばすのである。おなじ重さのゴールドは、丸い玉の形にしようが金箔にしようが、おなじ重さであることに変わりはない。

ドイツ語を学ぶ方法は、10ページほどのおなじ文章をなんども繰り返して100回以上読むことだ。そうすれば、そのなかに出てくる一言一句がわかり、その文章が暗誦できるようになる*。

『パワー』(1860年)『人生訓』より

*エマソンはドイツ語を勉強して、当時まだ英訳されていなかったペルシア文学などをドイツ語訳で読んでいた。

074

人間の特性は練習によってつくられる

取引所で意見を重んじられるのは、自分の専門分野で特殊な経験をもっている人びとであるが、いったん取引所をはなれたら、その意見には価値がない。「人間は、もって生まれた気質よりも、練習によって善良になる」と、古代ギリシアの哲学者デモクリトスも言っている。

練習の効用はここにある。アマチュアがプロにかなわないのはそのためだ。プロのピアニストは、毎日6時間は練習するという。音楽の巨匠たちが語るには、鍵盤の上に置いた手を見ただけで、その人がどれだけ弾けるかわかってしまうらしい。楽器をつかいこなすということは、それほど難しく重大なことなのである。

職人も事務員もおなじことで、おなじ動作を何千回も繰り返して、道具をつかいこなし、計算に習熟していくのである。

『パワー』(1860年)『人生訓』より

Ⅶ

人生で成功するために心がけるべきこと

075

健康が大事な理由

健康のいちばんの利点は、気分を良くしてくれることだ。これは、才能をつかう仕事であっても、才能そのものより絶対必要なものだ。知識を価値あるものにするためには、快活な知恵をもたなくてはならない。

心から喜んでいるとき、君の心身は栄養をあたえられているのである。精神の喜びは、精神の力を示している。健康的なものは、すべて温厚だ。天からあたえられた才能は、きまぐれにはたらく。善なるものは、最後までほほえむことはない。というのも、天の配剤の法則を見る者は、落胆することなく、大きな願望と努力に駆り立てられるからだ。

快活さとか愉快な気分というものは、つかえばつかうほど、あとに残るものは多いのである。

『随想余録』（１８６０年）『人生訓』より

076

絶望と自己憐憫はパワーを阻害する

パワーは、快活さとともにある。希望は、わたしたちをはたらく気分にしてくれる。だが絶望は、なにかを生み出す役割をまったくしてくれないし、活動的なパワーの調子を狂わせる。

人間は、人生と「自然」を自分たちにとって幸福なものとしないといけない。そうでなかったら、生まれてこなかったほうがましだ。政治経済学者が非生産的な階級をならべ上げるとき、まず先頭にもってくるべきなのは、自分のことを憐れんで同情を待ち焦がれ、想像上の災害を嘆くような人びとである。

『随想余録』（1860年）『人生訓』より

077

才能よりも感性が重要

わたしが言いたいのは、パワーを尺度にして考えれば、才能ではなく感性こそ最高だということだ。才能には制限があるが、感性という中心生命は、わたしたちをすべてに関係づける。生まれながら快活な気質をもち、人びとの調子によく順応していることは、最高と思われることがいかに多いことだろうか。そのような人は、調和しており、無限の強さを受け入れる能力があることを意識している。中世イングランドのアルフレッド大王が言ったように、「幸運は、神の贈り物のように、その人についてゆく」のである。

自分自身を感じ、ものごとにひるんではいけない。充実した人間性が、ものごとに流れ込み、聖書やシェイクスピア、ホメロスを偉大な存在にしているのだ。喜びにみちた読者は、著者が示したアウトラインに欠陥を見つけると、自分の考えを借りてきて補充しようとするものだ。しかもその当人は、自分が著者にあたえていることを知らない。

『成功』(1860年)『人生訓』より

078
仕事の意味とはなにか

人間は、自分の仕事をすることで、自分が提供できるものが必要なものだと世の中に感じさせ、人から喜んでもらえるようになる。自分自身の仕事をはたすことで、自分を外に向かって開いていくことになる。

ところが、ふだんやっているのは、自分の仕事に必要な、こまごまとした日常業務に自分を適応させることだ。その結果、自分が動かしている機械と一体になってしまい、仕事からその人の人間性が失われてしまう。

たとえその仕事が、世の中ではいやしいとされるものであっても、自分の思想と人格で、仕事を進取の気性に富んだものとしたらよい。なにを知っていても、なにを考えていても、その仕事がやるに値するものだと理解しているなら、それを世の中に向かって伝えたらいい。そうでなければ、知られることもなく、ただしく評価されることもないだろう。

『霊の法則』（1841年）『エッセイズ　第一集』より

079
どんな仕事でも取り組みしだい

わたしたちは、長きにわたって賞賛されてきた行為ばかり好んで、どんなものであっても、人ができることなら見事にやりとげることができるということに気がつかない。偉大さというものが、ある特定の場所や義務、あるいは職務や機会に生じたり、つくられたりするものだとばかり思い込んでいるが、超絶技巧で有名なパガニーニがヴァイオリンの弦から、指先の器用な若者がハサミと紙切れから、英雄がみじめな隠れ家と仲間たちから、歓喜を引き出すことを見ようとしない。

わたしたちが無名の境遇とか卑俗な環境などとよんでいるものは、いまだ詩歌にうたわれていないだけであって、いずれ君の力によって、うらやましがられ、有名なものとなる。習慣としてあらたな判断をしつづけること、それこそ精神的向上というものなのだ。

『霊の法則』（1841年）『エッセイズ　第一集』より

080

奇跡的な勝利は着実な一歩から

人生は、自分がなすべき課題をあたえてくれる。代数、園芸、建築、詩歌、商業、政治とさまざまな分野があるが、たとえどんな分野を選択しても、自分にもっとも適したものでさえあれば、達成可能であるだけでなく、奇跡的な勝利をおさめることも不可能ではない。とにかく、まずは始めることだ。一歩一歩、順序をおって着実に進めていくのである。

鉄製の錨《いかり》を曲げることも、わらを編むように大砲を鋳造することも、お湯を沸かすように花崗岩を熱することも、手順さえ踏んで取り組んだら簡単なことだ。

失敗するとすれば、そこにはある種の軽率さがあったり、運頼みがあったり、いくつか手順を省略したりしたからだ。「自然」に反することをしていては、うまくいくはずがない。幸福な状態もまた、おなじ条件で得られるかもしれない。そういったものが魅力的に思えるのは、手の届く範囲にあるという証拠である。

『随想余録』（1860年）『人生訓』より

081

ただしい方向で努力する

自己信頼は、成功の第一の秘訣だ。そして、その信念とは、君がここにいるのは、宇宙の権威が君をここに置いたからであり、なんらかの理由があって、君の性質に厳密に合わせて課された職務が決められており、その職務に取り組んでいるかぎりは、君は良好で成功しているというものだ。

それは、けっして見ている人の目を引き、満足させるような派手な手柄を立てようとして、時期尚早にも突進することではない。ただしい方向で努力すれば、それで十分だ。

『成功』（１８６０年）『人生訓』より

082

やり尽くした感が必要

自分の仕事に精魂込めて打ち込み、ベストを尽くしてこそ、人はようやくほっと一息ついて気持ちがラクになる。

だが、ベストを尽くしたという実感がないと、心は安まらない。なにか生み出しても、ほんとうに生み出したことにはならないからだ。そんなやり方では、自分の才能に見捨てられてしまう。芸術の女神ミューズも味方してくれない。発想も浮かばず、希望もわいてこない。

『自己信頼』（１８４１年）『エッセイズ　第一集』より

083

なにごとに対してもポジティブになれ

真の成功の特徴は、善良な精神はポジティブで前進するものを選び、肯定的なものを受け入れるということだ。

陰気な絵を壁にかけたり、会話のなかに黒いことばや陰鬱なことばをつかわないこと。皮肉屋にも説教師にもならないこと。嘆き悲しんだり、不満を口にしたりしないこと。ネガティブな主張はしないでほしい。とはいっても、肯定的なことばを絶え間なく口にして、イライラさせないでほしい。悪徳に対しても拒絶することに時間を費やしたり、怒鳴ったりしないでほしい。そうではなく、善良さの美を歌ってほしい。

発言されるべきことを発言すれば、おしゃべりや批判はやむだろう。誰かの役に立たないようなことは、いっさい書かないでほしい。

『成功』（1860年）『人生訓』より

084

「原因と結果の法則」を信じる

成功した人間に共通することがひとつある。それは、「原因と結果の法則」を知っていたということだ。彼らは、ものごとは運ではなく、法則で動くと信じていた。言い換えれば、ものごとの最初と最後をつなぐチェーンには、弱くてひびの入った環《わ》はひとつもないのだ、と。

因果関係の法則、ささいに見えることのひとつひとつと存在原理のあいだには厳密な関係があり、すべてのものには「償い」があるという法則*、世の中には「濡れ手で粟」や「棚からぼた餅」などありえないということ、これらの法則はまさに価値ある精神を特徴づけるものであり、勤勉な人の努力が、間違った方向に向かわないようにコントロールしなくてはならないのである。

『パワー』（1860年）『人生訓』より

*「償い」の法則については、「V　自然法則はすべてにはたらいている」を参照

085

手持ちの材料で成果を出す

巨匠が、日常生活でその他大勢と異なっているのは、自分の手持ちの材料をつかうことにある。たとえ有名でも、巨匠は他人がつかった材料を探したりしない。ナポレオンはこう言っている。「自分の手持ちの兵をどう運用するか知っており、いっしょに野営するなら、将軍は十分な兵力をもっていることになるのだ」と。

より野心的な仕事を求めるあまり、そのときどきに持ち込まれる仕事を拒んではならない。ところが、いまするように求められていない仕事は、想像力のなかでは、より愉快なものに見えてしまうものだ。作業部会に出席するなどと約束してしまうと、遠い山々を見ては誘惑されてしまい、ついつい物思いにふけってしまうことだろう。現在という時間と、はたすべき義務こそ価値あるものなのだ。

『仕事と日々』（1870年）『社会と孤独』より

086

成功したければ「無心」になれ

実際の日常生活でも、つねに自然が人間の意志よりもまさっていることは、目に見えて明らかだ。わたしたちが思い込んでいるほど、歴史には意図などはたらいていない。わたしたちは、カエサルやナポレオンには、完璧な計画があったと思っている。だが、パワーの真髄は彼ら自身のなかではなく、自然のなかにあったのだ。異常なまでの成功を収める人たちも、正直な気持ちになったときには、きまってこう言うものだ。「自分の実力だけではない」と。「幸運の女神」や「運命の女神」のおかげだとしてきたのである。成功者の不動の意志と見えたものは、じつは彼らがみずから進んで自己滅却し、無心になろうとしたことにあった。

『霊の法則』(1841年)『エッセイズ　第一集』より

087

個人の独立は金銭的独立から

強い民族には、強いだけの理由がある。アングロサクソンは、いまや世界の商人であるが、彼らは、千年以上にわたって指導的な民族でありつづけてきた。個人の独立ほど、彼らをそうさせてきたものはほかにはない。個人の独立は、とくに金銭的独立という形で示される。

英国人が繁栄して平和を享受しているのは、誰もが自分で自分の世話をしなくてはならず、社会でのポジションは自分で維持向上していかなくてはならないと考える習慣をもっているからだ*。

『富』（1860年）『人生訓』より

*エマソンの弟子で友人であったソローは、エマソン家の居候でありつづけており、金銭的に独立していなかった。エマソンとソローの違いは大きい。

088

人間は金持ちにならなくてはならない

知らない人がはじめて紹介されるとき、まず発せられるのは誰もが聞きたがる質問だ。それは、「あなたは、どんな仕事でどんな生活をしているのか？」というものだが、この質問は当然というべきだろう。というのは、非難される余地のない仕事をしていてはじめて、完全な人間といえるからだ。勤勉な人間が、不正な手段にたよることなく生計を立てることができないような社会は、野蛮としかいいようがない。

人間は、消費者であるが、生産者でもなくてはならない。共同体になにかを加えて貢献するのでなければ、世の中で十分な位置を占めているとは言いがたい。

生まれながら天にあたえられた才能を十分に発揮するためには、ただたんに生きているだけではだめだ。そもそも生きていれば金がかかるのだから、人間は金持ちになる必要があるのだ。

『富』（1860年）『人生訓』より

089

ふつうの人間は清貧には満足できない

富は、必要性から生まれる。倉庫、店の飾り窓、果樹など見るたびに、事業家にあらたな欲望が生まれ、欲望を満足させることが、その人のパワーと威信にかかわるようになる。欲望を抑えるように説いても、なんの役にも立たない。

哲学者たちは、人間の偉大さとは欲望を減らすことにあると説いてきた。だが、人間は、あばら屋に住んで、干し豆をかじるような生活に満足できるだろうか？　いや、そんなことはあるまい。人間は金持ちになるために生まれてきたのだ。

あらゆる人間の能力を自分のために活用できる人、そんな人こそ金持ちである。きわめて多くの人びと、遠く離れた国々の人びと、過去に生きていた人びと、その労力から利益を引き出すことを知っている人、そんな人こそ金持ちである。

『富』（１８６０年）『人生訓』より

090

富の源泉はその人の思想にある

富の源泉は、人間精神を自然に応用することにある。鋤《すき》や斧《おの》を振りおろすことから、アートの奥義にいたるまで、みなおなじである。

思想と生産のあいだには、深いつながりがある。十分に足りているところから、ものごとを足りないところへもってくること、うまく結びつけること、芸術や雄弁、歌や記憶術によって、役に立つ技術の習得を指導し、よりすぐれた価値を創造すること、これらをつうじて、人間は自然を人間のために利用してきたのである。富は、精神を自然界に応用することから生まれる。金持ちになる方法は勤勉や節約ではなく、思想として秩序づけられた人間精神にあり、しかるべきタイミングに、しかるべき場にい合わせることにある。

肉体的に平凡であっても、頭をつかって金持ちになる人もいる。それは、流れを見て市場の発展を予測し、需要があると見込んで土地を開拓するような人のことだ。

『富』（１８６０年）『人生訓』より

091

計画を実行にうつすパワーこそ重要

良識ある人は、富とはこの惑星がもたらすさまざまな恵みを、自分の計画のために生まれ変わらせ、栄養分とすることだと見なしている。彼らが求めるのはパワーであって、あめ玉ではない。計画を実行するパワーであり、自分の考えに手足と形をあたえ、現実性あるものにするパワーである。ものがよく見える人間にとって、これこそ宇宙が存在する目的であって、この宇宙に存在するあらゆる資源は、適切に応用されることになるのだ。

コロンブスにとって、地球は机上の幾何学だけでなく、航海にとっての実際的な問題であり、航海に送り出してくれない国王たちは、陸上生活を送る臆病者にしか見えなかった。コロンブスほど、地球を身近に感じていた者はいないであろう。だが、その彼でさえ、地図には多くの空白を残さざるを得なかった。コロンブスの後継者たちは地図だけでなく、彼の激情も引き継いで、地図を完璧なものとしていったのである。

『富』（１８６０年）『人生訓』より

092

富の蓄積は知性のゲーム

人間は、金持ちになるために生まれてきた。自分のもてる力を活用し、思想と自然と結合することで、必然的に金持ちになるのである。

財産は、知的な生産物だ。財産をつくって増やすゲームは、その参加者に冷静さと、ただしい推論、機敏な反応、そして忍耐を要求する。そこでは、洗練された労働が支配的になる。抜け目のない無数の人たちが、無数の時間をかけて、ある種の最高で最短の方法に到達してきたのであるが、技術、栽培、治療、製造、航海、為替において蓄積されてきたこのスキルこそ、わたしたちの世界を価値あるものとしているのである。

『富』（1860年）『人生訓』より

093

事実をベースに思考し実行する

商業は、スキルを競い合うゲームである。誰もが参加できるわけではないし、うまくプレイできる人はきわめて少ない。商人になるのに適した人間とは、わたしたちが「常識」とよんでいる、さまざまな能力の平均値をもっている人たちのことだ。事実をベースにものを考え、自分の目で見たものについて決定し、数字で説得される人たちである。幸運も不運も、つねにその人自身に原因があるものだが、金儲けについてもそれは同様だ。金儲けには、魔法のようなものがあると信じる人が多いが、じつはそんなことはなく、どんな結果にも完全な原因があり、幸運とは目的に対する執着の別名なのである。

熟練した商人は、誠実さと事実ベースの思考に加えて、「長期の計算」というマインドセットをもち合わせている。多数の取引を遠隔操作で行うことで、取引の安全性を犠牲にすることなく、巨大な成果をもたらすことを可能とするのである。

『富』（1860年）『人生訓』より

094

成功の秘訣は収入と支出の関係にある

成功の秘訣は、どれだけお金をもっているかではない。収入と支出の関係にある。支出をある程度まで抑えたなら、それ以後は、たとえ細くても確実な収入の流れが入り込んできて、富が増え始めるのである。

だが、通常は、収入が増えると支出も速いスピードで増えていくので、いくら収入が多くても、事態を好転させることにつながらない。なんでも食い尽くす負債というものは、貪欲さをゆるめようとはしないのだ。「不足」とは、みるみるうちに成長していく巨人であり、「所有」という上着で覆いつくすことなど、とてもできないのだ。

『富』（1860年）『人生訓』より

095

民衆を豊かにすることができる人こそ、ほんとうの金持ちだ

富は自分ひとりのものである必要はない。というのも、富はそれを所有する人にとって、有害になることも少なくないからだ。「金持ちになることの意味がわからない者は、金持ちにはならないほうがいい」と、ゲーテはうまく表現している。

世の中には生まれながらに所有し、自分の所有物を活かすことができる人もいるが、それができない人もいる。この人たちは上品さがなく、資産家の評価を落としている。

富は、それを管理できる者だけが所有するべきだ。蓄えて隠す者は所有すべきではない。仕事をつくり出し、すべての人びとに道を切り拓く者こそ、富を所有すべきなのだ。というのは、一般民衆が豊かであれば、その人もまた豊かなのであり、一般民衆が貧しければ、その人もまた貧しいからだ。

『富』（１８６０年）『人生訓』より

096

礼儀作法は幸せの習慣だ

どんなことにも最善のやり方がある。卵の茹で方でさえそうだ。礼儀作法《マナー》は、ものごとを幸せに行う方法である。かつては天才や愛のひらめきであったが、いまでは繰り返され、習慣として定着している。礼儀作法は、最終的に上塗りの艶やかなニスとなって、型にはまった日常生活を洗練させ、細部を飾るのである。

礼儀作法が上塗りだというなら、朝の牧草地に深みをあたえる露のしずくもおなじである。礼儀作法は、ひじょうに伝染しやすい。人びとは、礼儀作法をたがいに受け継いでいくのである。

『作法』（1860年）『人生訓』より

097

まあまあ良ければ幸せだ

友人のひとりと意見を交わして、わかったことがある。友人はこの宇宙にすべてを期待し、期待値に及ばなければ失望してしまう人で、わたしとは真逆の立場だとわかった。わたしはといえば、最初からなにも期待せず、まあまあ良いといった程度であれば、感謝の気持ちで一杯になるという人なのだ。わたしは、さまざまな相反する雑音も受け入れることにしている。酔っ払いも退屈な人間も、わたしにとっては意味がないわけではない。流星のように現れては消えてゆく光景に、現実感をあたえてくれるからだ。

朝、わたしが目を覚ますと、自分のかたわらに見いだすのは、古くからそこにある世界だ。妻とベビーたちと母。終《つい》の棲家であるコンコードとボストン。古き良き精神世界《スピリチュアル・ワールド》であり、悪魔さえその辺をうろついている。わたしたちが見つけた良きものは、疑問を持たずに受け入れるなら山ほどのものとなることだろう。

『経験』（1844年）『エッセイズ　第二集』より

Ⅷ

あたえられた才能をつかって突き進め

098

才能は天からあたえられた使命

誰にも、その人自身の天職がある。才能とは、天からあたえられた使命だ。すべての空間が開かれていく、ひとつの方向がある。その方向にむかって限りない努力を傾けるよう、無言のうちに誘いかけてくる能力が、生まれながら人にはそなわっている。

人は、川に浮かぶ舟のようなものだ。舟は、いたるところで障害物にぶつかるが、ただひとつの方向を進んでゆくと、あらゆる障害は取り除かれ、深まりゆく水路を穏やかに進み、はてしなくつづく海へと穏やかに入っていく。

才能と使命を決定するのは、その人の組織、すなわち普遍的な魂がその人自身に化身している、そのあり方なのである。自分がもつ能力に耳を傾ければ傾けるほど、その人の仕事は、他の誰の仕事とも違うことが明らかになっていく。どんな人にも、唯一無二のことができるという能力が使命としてあたえられ、それ以外の使命にうながされる人はいない。

『霊の法則』（1841年）『エッセイズ　第一集』より

099

その人がなにをしてきたかで評価は決まる

人間は、その人の値打ちどおりに通用するものだ。他人がどう自分を評価しているか知りたい、そんなことを思うのは、まったく意味のないことだ。世の中に知られないまま終わるのではないか、そんなことを恐れるのも、それに劣らず無意味なことだ。

もし自分にはなんでもできる、しかもほかの誰よりもうまくできるということを自分がわかっているなら、その人はあらゆる人から認められる保証がある。世の中は、審判の日々だらけで、どんな集会に参加しても評価され、スタンプを押されるのである。

「その人はなにをしたのか？」という質問は、人びとを探り、あらゆるいつわりの評判を貫く神聖な質問だ。だが、個々人の能力にかんしては、疑問をもつ必要はない。座っているなら見せかけも通用するだろうが、行動においては通用しないからだ。

『霊の法則』（１８４１年）『エッセイズ　第一集』より

100

人格は目や表情、そして行動に現れる

人格は、つねにみずからを物語っている。あっという間に消えてしまう言動も、なにかしようとしたそぶりも、それとなくほのめかしても、すべて人格を表現していることになる。行動していても、座っていても、眠っていても、人格が明らかになってしまうのだ。自然界では、なにかほかのものに見せかけようとする擬態《ぎたい》の能力には、大きな制約がもうけられている。たとえ意に反していても、からだは正直に反応してしまうのだ。顔は、けっしてウソをつかない、といわれる。表情の変化を読みとろうと注意深く調べる人は、あざむかれることはない。

真実の心で真実を語るとき、その人の目は天のように澄み切っている。いやしい目的でいつわりのことばを語るとき、その目は濁って、やぶにらみになっている。

『霊の法則』（1841年）『エッセイズ　第一集』より

101

本性は隠せない

その人がどういう人物であるか。それは顔や姿、そして運命に、光の文字で刻まれている。隠そうとしても意味がない。自慢したところで意味がない。一瞥しても、微笑んでも、挨拶しても、手を握っても、黙っていても、伝わっているのである。

言動は隠せるが、本性は隠せない。暗い顔色や下品な表情、しみったれて常識を欠いた行動が秘密をもらしてしまうのだ。他に好印象があったとしても台無しにしてしまう。なぜか信用されないのである。孔子は、こう叫ばずにはいられなかった。「どうやって人はその本性を隠すことができるというのか！　隠すことができるというのか！」と*。

『霊の法則』（１８４１年）『エッセイズ　第一集』より

*『論語』の「為政第二」にある「子曰く、其《そ》の以《な》す所を視《み》、其の由《よ》る所を観《み》、其の安んずる所を察すれば、人焉《いずく》んぞ捜《かく》さんや、人焉んぞ捜さんや」より

ふとした思いが生き方を決める

ほんものの行動は、沈黙の瞬間に行われる。人生を画するできごとは、職業を選択したり、結婚したり、オフィスを構えたりなど目に見えるイベントではなく、道端を歩いているとき、沈黙のうちにふと心に浮かんだ思いによって決定されるのである。その思いは、生き方のすべてを修正し、こう告げてくるのだ。「これまではこうしてきたが、これからはそうしたほうがいいだろう」、と。

人間が目指すもの、つまりこうした沈黙の瞬間の思いは、自分のなかに陽光を輝かせ、この法則を妨害されることなく自分の全身にいきわたらせることにある。その結果、たとえば食事、そのほか家族や礼拝の様式、交際、歓楽、投票、反抗であろうと、どの点に目を向けても、そのすべてに自分の人格がただしく現れるようになる。

『霊の法則』（1841年）『エッセイズ　第一集』より

103
革新の時代こそおもしろい

生まれ合わせたい、そう願うような時代がもしあるとすれば、それは革新の時代ではないだろうか?

革新の時代とは、新旧のものごとが横並びになっていて、両者を比較することができる時代である。あらゆる人びとのエネルギーが、恐怖と希望によって念入りに調査される時代である。そして、古き時代の歴史的栄光が、あたらしい時代の豊かな可能性によって相殺される時代のことである。

わたしたちがどうかかわるかさえわかっていれば、いつの時代もそうであったように、現代もひじょうにいい時代なのだ。

『アメリカの学者』(1837年)

104

「改革者」として生きよ

人間として生まれる目的は、「改革者」になることだ。

改革者とは、すでに人がつくったものを、つくり直す人であり、うそいつわりを捨て去り、偉大なる「自然」を模倣して、真実と善を回復する人のことだ。自然は、わたしたちを包み込み、すぎさった過去に安住することなく、つねに自分自身を修復し、朝になるたびにあらたな一日をもたらし、脈動ごとにあらたな生命をもたらしてくれるのではないだろうか？

自分にとって真実でないものは、すべて捨てさってしまおう。日常の習慣は、すべてそれが始まったときの最初の思想にまで戻してしまおう。そして、全世界のためを理由としないようなことは、いっさいしないようにしよう。

『改革者としての人間』（１８４１年）

105

社会を変えるには、まず自分から変わる

わたしたちは、さまざまな制度に対する批判と攻撃を目撃してきたが、明らかになった事実がひとつある。その事実とは、人はみずからを刷新することなしに、自分の周囲を刷新しようとしても、社会が得るものなどまったくないということだ。

その人は、特定の問題にかんしては退屈なほど善良になっているが、それ以外のことにかんしては怠慢であったり偏狭であったりする。そのため、偽善と虚栄心がうんざりするような結果を招くことがしばしばあるのだ。

『ニューイングランドの改革者たち』(1844年)『エッセイズ　第二集』より

106

成長するためにはふるい殻を脱ぎ捨てよ

成長は、短い間隔で繁栄と破壊を繰り返す変化だ。それは成長が自然界の法則であることを示していることにほかならない。

どんな人も、その人に内在する必然性に迫られて、友人や家庭、法律や信仰といったものごとにかんする全体系を捨て去り、あらたな家をつくっていくのである。エビやカニが、成長の限界に達したときふるい殻をみずから脱ぎ捨てるように。

個々人のもつ活力に応じて、このような革命がひんぱんに起こるようになり、幸福な人においては途切れることなくつづくのである。そして、成長しつづけるなら、きょうという日に生きる人は、きのう生きていた人とは思えない変化を遂げる。

服を着替えるように、過去の環境は日々脱ぎ捨てていかなくてはならない。だが、成長を拒否して怠惰な状態にいる人には、成長は衝撃をもって訪れてくることになる。

『償い』（1841年）『エッセイズ　第一集』より

107
ひとりでいこう

わたしたちは、いまや群衆にすぎない。人間は、人間の前に立って畏敬の念をもつことはなく、みずからの内なる海と対話するよう諭されることもなく、他人から教えという一杯の水をもらい受けるために外に出かけてゆく。

わたしたちは、ひとりでいこう*。わたしは、牧師の説教が始まる前の、しんとした静かな教会が好きだ。集まってきた人びとの表情が、いかに俗世を離れて涼しげで慎み深く、ひとりひとりが境内や聖域に囲まれているかのように！

だからこそ、歩き回ることなく、いつも座っていよう**。

『自己信頼』（1841年）『エッセイズ 第一集』より

* 初期仏教の経典『スッタニパータ』では、「犀《さい》の角《つの》のように、ただひとり歩め」というフレーズがなんども繰り返されている。このフレーズはニーチェにも影響している。
** 陽明学者の安岡正篤は、この文章を念頭において「独座」が重要だと述べている。

108

神々は独立独歩の人を愛する

幸運の秘訣は、喜びを自分の両手のなかに握っていることだ。独立独歩の人は、神々からも人びとからもつねに歓迎される。

独立独歩の人には、すべてのドアが大きく開かれ、あらゆる国のことばで歓迎され、すべての名誉がさずけられ、知り合いになりたいと願って、あらゆる人の目があとを追う。求められないからこそ、わたしたちの愛はその人に向かい、こちらから抱きしめにいく。その人が我が道をいきつづけ、わたしたちの誹謗中傷をあざ笑ったからこそ、懇願し謝罪するように愛撫し、礼賛することになる。人びとが忌み嫌ったからこそ、神々は独立独歩の人を愛するのである。

ゾロアスター教の開祖ゾロアスターはこう言っている。「我慢づよく堪え忍ぶ人のもとには、神々は即座に訪れる」のだ、と。

『自己信頼』（1841年）『エッセイズ　第一集』より

109

旅は現実からの逃避にすぎない

旅は愚か者の楽園だ。どこにいってもたいした違いはないということが、最初の旅でわかってしまう。

わが家にいるとき、ナポリやローマに行けば、その美しさに酔って、悲しさを忘れてしまうだろうと夢想する。トランクに荷物をつめ、友人たちを抱きしめて別れを告げ、船旅に乗り出す。目が覚めたらそこはナポリなのだが、わたしのかたわらにあるのは冷厳とした事実であり、悲しい自己である。そこから逃げ出してきたはずなのに、非情にもまったく変わらない姿で現れる。

ローマではバチカンや宮殿など訪ねて回る。さまざまな観光名所にうっとりしているようなふりをするが、じつは醒めたままだ。どこに行こうと、わたしの分身である巨人がついてくるのだ。

『自己信頼』(1841年)『エッセイズ　第一集』より

110

弱みや欠点に感謝せよ

善人は、弱みや欠点さえ味方につける。自慢の種がかえって自分にとって害にならなかった者がいないように、欠点が自分の身に役立たなかった者などいない。

イソップの寓話に出てくる牡鹿《おじか》の教訓を思い出してみよう。牡鹿は、ほれぼれするような立派な角《つの》を自慢していたが、自分の細くて貧弱な脚を呪っていた。ライオンが現れると、その脚のおかげで逃げることができた。だが、自慢の角が茂みに引っかかってしまい、結局ライオンの餌食になってしまった。

誰でも生きているあいだは、自分の欠点に感謝する必要がある。もし社会で生きるのに不適合な欠点や気質があるなら、ひとりを楽しむしかないのであり、自分の問題は自分で解決する習慣を身につけなければならないのである。

『償い』（1841年）『エッセイズ 第一集』より

III

ピンチこそ学ぶチャンス

偉大な人は、つねに小者であろうとする。自分にとって都合のよい順境という安楽なクッションに座っていると、ついつい眠り込んでしまうものだ。せきたてられ、痛めつけられ、打ち負かされないと、なにかを学ぶチャンスは訪れない。

そのときはじめて、自分の知恵と勇気を発揮しなくてはならなくなる。さまざまな事実を把握し、自分が無知であることを自覚し、うぬぼれという狂気から正気に戻って、節制とほんとうのスキルを身につけるのである。

賢い人は、逃げることなくみずから進んで攻撃する者たちに身を投げる。自分の弱みを発見することは、敵にとってよりも、自分自身の利益になるからだ。自分が受けた傷が癒えると、かさぶたのようにはがれ落ちて、あたらしい皮膚が顔を出す。攻撃する側が勝ち誇ろうとするが、見よ！　その人はすでに不死身になっているのだ。

『償い』（1841年）『エッセイズ　第一集』より

112

賞賛されるより非難されるほうが安全だ

非難されるほうが、賞賛されるよりも安全だ。わたしは、新聞で弁護されるのは嫌いだ。新聞に書かれていることが、わたしに対する批判であるかぎり、ある種の成功を保証するものと感じている。

だが、わたしを褒めそやす蜜のようなことばが語られたとたん、敵を前にしながら無防備で横たわっているような気分になる。

一般的に、わたしたちが屈服することのない悪は、恩恵をあたえてくれる存在だ。ハワイのサンドイッチ諸島の住民は、自分が殺した敵がもつつよさと勇気は、自分のなかに入ってくると信じている。わたしたちもまた、誘惑に抵抗したからこそ、そのつよさを手に入れるのだ。

『償い』（1841年）『エッセイズ　第一集』より

113

災難の意味は時間がたてばわかる

災難の意味は、長い時間がたてば理解できるようになる。熱病や手足の損傷、残酷なまでの落胆、財産や友人を失うことなど、そのときは埋め合わせも回復もできないと思われるかもしれない。だが、年月がたてば、その意味が明らかになってくる。

親しい友人や配偶者、きょうだいや恋人の死は、剥奪以外のなにものとも思えないが、時間がたつと導き手や守り神の姿を帯びてくるようになる。幼年期や青年期を終わらせ、慣れ親しんできた仕事や家庭、ライフスタイルを破壊し、人格の成長に適したあらたなものが形づくられることを可能にする。

『償い』（１８４１年）『エッセイズ　第一集』より

114

「無心」になれば無敵である

わたしたちが、求めるのは、ただひとつだけだ。それは、我を忘れ、身につけた作法をかなぐり捨て、記憶も失い、方法も理由もわからずに、なにかをすることだ。

いまだかつて、偉大なことが熱狂なしに達成されたことはない。自分を投げ出す生き方はすばらしい。17世紀英国の「ピューリタン革命」の指導者クロムウェルはこう言っている。「人間は、自分がどこに向かうかわからないときほど、高みにのぼることはないのだ」と。

夢や酩酊、アヘンやアルコールの使用は、この精神状態に似ているが、あくまでも模造品であり、人間を引き寄せる危険な魅力をもっている。おなじような理由で、賭博や戦争の最中がそうであるように、人びとは狂気じみた激情の助けを求め、心の奥底にやどる炎と豊かさをまねようとする。

『円』(1841年)『エッセイズ　第一集』より

115

知識があれば恐怖は克服できる

知識は、恐怖に対する解毒剤だ。理性もまた解毒剤だ。危険を正確に理解し、それに抵抗する方法を学べば、すぐに恐怖は克服することができる。人間はパニックに陥りやすいが、それは正確にいうと、無知であるため想像力が恐怖を生み出してしまうからだ。

知識は、勇気づけるものであり、ハートから恐怖を取り去るものである。その意味では、知識そのものと知識をつかうことが、実践的な知識なのである。自分はできると思えば、恐怖を征することができる。一度でも恐怖を克服した者は、ふたたび挑戦することをためらうことはない。

跳躍する馬をよく知っている馬丁《ばてい》は、安全に乗馬できる。戦場に慣れた兵士は、大砲の閃光を見たら、砲弾が向かってくる方向がわかり、避けることができる。危険に慣れていれば、どれくらい危険なのか推定できる。想像力に惑わされることはない。

『勇気』（１８７０年）『社会と孤独』より

116

相手と対等だと思えば恐怖は消える

勇気とは、目の前にある問題に、対等に向かい合うことにある。

学校の生徒が、算数の問題が解けないので教師の前でおびえている。となりの少年がすでにマスターしているのに、自分はまだ解き方を理解していないからだ。解き方がわかったら、アルキメデスのように冷静になって、元気よく一歩前に進むことになる。

勇気とは、事件でも、科学でも、貿易でも、会議でも、行動でも、問題に対して対等に向き合うことだ。自分と向き合っている相手が、もてる資源《リソース》やスピリットにおいて、自分より優位にいないと確信することにある。将軍は、自分たちは人間であり、敵はもういないという感覚を兵士たちにもたせなくてはならない。そう、知識は必要だ。というのは、恐怖は幻想にすぎないからだ。目はかんたんにひるんでしまう。ドラムや軍旗、輝くヘルメット、敵兵のあごひげや口ひげは、銃剣が届くずっと前から君を征服しているのだ。

『勇気』（1870年）『社会と孤独』より

117

勇気とは自己回復するパワーだ

勇気は、自己回復するパワーにある。そのため、側面を攻撃されても背中を向けることなく、敵の策略に出し抜かれそうになっても、すぐに体勢を立て直す。自己回復できるから、どこに置かれようとも、立っていられるのである。

こうしたことが可能なのは、過去に自分が理解していた真理より、いま目の前にある真理そのものを好むからであり、たとえどの方向からやってきたものであっても、機敏に受け入れるからだ。自分の法律も、自分と社会との関係も、自分が信じているキリスト教も、自分の世界も、いつなんどき取って代わられ、死滅してしまうかわからない。そんな大胆不敵な確信をもっているからだ。

『円』(1841年)『エッセイズ 第一集』より

118

勇気をふるえば道は拓ける

ナポレオンは、チャンスに機敏に反応することで、誰もが程度の差こそあっても、もっている美徳の力、すなわち時間厳守、個人的な配慮、勇気、そして徹底性といったものだけで、どれほど多くのことが達成できるかを、わたしたちに教えてくれた。

「オーストリア人は、時間の価値を知らない国民だ」と、ナポレオンは言っている。わたしは、若い頃の彼を、慎重さの模範として取り上げなくてはならない。彼のパワーは、荒々しさでも、熱狂でも、並はずれた説得力にあったのでもない。規則や慣習にしたがうかわりに、緊急事態が発生するたびに常識をはたらかせたことにある。

教訓は、つまるところ活力があれば、かならず一歩踏み出す余地があるというものだ。たとえ臆病な疑念が山のようにあったとしても、この男の人生が答えになっているのではないだろうか。

『代表的人物』（1850年）『ナポレオン』より

Ⅸ 魂がふれあう人間関係

119

ほんとうに大事なことは引き寄せられる

ほんとうに君のためにあるものは、君のもとに引き寄せられる。おお、信じよ、君が生きているように、世界中の声はことごとく君に届き、君の耳のなかで響くことであろう！君の助けとなり、君のなぐさめとなる、あらゆることわざや本、そして決まり文句は、本来君のものであり、まっすぐに、あるいは紆余曲折を経ながらも、かならず戻ってくる。君の内にある大きくてやさしいハートが強く求めている友であるなら、かならずや君を抱きしめてくれるはずだ。なぜなら、君の内なるハートは、あらゆる人のハートだからだ。

自然界のどこにも、流れをさえぎるバルブひとつなく、行く手をさえぎる壁ひとつなく、交差点ひとつない。だが、人びとのなかでは、とぎれることなく、終わることなく血液が循環をつづけていく。地球上の水がひとつの海であるように、そしてただしく見れば、潮の流れもまたひとつであるように。

『大霊』（１８４１年）『エッセイズ　第一集』より

120

自分の魂が偉大だと思うものが偉大だ

人間には、自分ならではのものがそなわっている。その人に生まれながらそなわった天性、資質、感受性、自分に適したものを選択し、自分には向いていないものを拒絶する能力など、その人ならではのものが、その人のための宇宙の性格を決定するのである。

人は、方法であり、選択の原理であり、どこに行っても自分に似た者を集める。自分のまわりをぐるぐる回っている多様なものから、自分ならではのものだけを取りあげる。鉄くずのなかに置かれた磁石のようなものだ。

なぜだか理由も言えないのに、事実やことば、人物たちが、自分の記憶のなかで消えずに残りつづけるのは、いまだに理解できなくても、それでもなお重要な関係が、それらと自分とのあいだに結ばれているからだ。君のハートが偉大だと思うものが偉大なのだ。君の魂が重視するものは、つねにただしい。

『霊の法則』(1841年)『エッセイズ 第一集』より

121

友情こそメンタルヘルスの試金石

わたしたちが人生でもっとも必要とするのは、自分ができることをさせてくれる人である。これこそ、友人としてはたすべき役割だ。

友人といっしょにいると、わたしたちは簡単に偉大な人物になれる。友人のなかには、わたしたちの美徳のすべてを引き寄せる、崇高な魅力があるからだ。友人は、なんと人間存在の扉を大きく開いてくれることか！　そこにあるのは、ほんものの人間交際である。

友情については、ペルシアの詩人ハーフィズ*ほど、すばらしいことばを残した人はほとんどいない。ハーフィズは、友情はメンタルヘルスの試金石であることを示唆している。

「友情を知るまで、君は秘密をまったく知らなかった。不健全な者には、天の知識は入ってこない」

『随想余録』（1860年）『人生訓』より

*エマソンは、ハーフィズやサアディなど13世紀ペルシアの詩人の作品をドイツ語訳で愛読していた。

122

親友とはいかなる存在か

友人は、わたしが本心を打ち明けることのできる人である。友人の前では、大きな声で自分の考えを語ることができる。うそいつわりや礼儀ただしさ、そして考え直しといった、ふつうは脱ぎ捨てることのない最後の下着まで脱ぎ捨てるのであり、分子どうしが結合し合うケミストリーによって、シンプルでしかも完全な形でつきあうことになる。

誠実さは、王冠や権威のように、最高の地位にある者にだけ許される贅沢である。真実を語ることが許されるときは、自分より上位の者にご機嫌とりする必要も、迎合する必要もまったくないからだ。

誰でも、ひとりのときは誠実だ。そこにもうひとりの人間が入ってくると、偽善が始まる。相手が近づいてくると、お世辞やうわさ話、娯楽といったもので受け流して、身をかわそうとする。何重にも覆いをかけて、自分の本心を明かさない。

『友情』（1841年）『エッセイズ 第一集』より

123

友人は自然が生み出した傑作

わたしたちが出会う人は、ほとんどすべてが丁重な扱いを受けたがる。つまり調子を合わせてもらいたがるのだ。名声や才能があり、宗教や博愛主義的を大切にする人は、それらが大事だと疑わない。だから、そんな人と会話しても、率直な関係にならないのである。だが友人は、わたしにあれこれ配慮などさせず、このわたしに向き合ってくれる正常な人だ。友人は、わたしになにも求めることなく、楽しみをあたえてくれる。

だからこそ、友人というものは、自然界における一種のパラドックスなのである。わたしはただひとりであり、わたしとおなじほど確かな存在は、この自然界には存在しない。にもかかわらず、わたしはいま目の前にいる人のなかに、あらゆる点でわたしとそっくりな特性をもった人が、まったく異なった形で繰り返されているのを見るのである。友人は、自然が生んだ傑作とみなして差し支えないのだろう。

『友情』（1841年）『エッセイズ　第一集』より

ほんとうの友情の必要条件

自分と友人には、類似点もあるし、相違点もある。ときどきはバランス感覚も必要だ。それがあってこそ、パワーと共感を感じて、おたがいに刺激をあたえ合うのである。このような関係の結べない友人なら、むしろこの世界の終わりまでひとりでいい。

わたしは、友人に攻撃されても迎合されても、おなじように抵抗を感じてしまう。友人には、たとえどんな瞬間でも、自分らしくいてほしいのだ。友人の存在がもたらすたったひとつの喜びは、わたしのものでないものが、わたしのものであることにある。男らしい前進や男らしい抵抗を期待していたのに、へなへなと妥協なんか示されるのは嫌いだ。

友人に同調して賛同するより、かたわらで棘のあるイラクサになってやったほうがいい。深い友情の必要条件は、友情なしでやっていける能力だ。その高い地位には、偉大で崇高な資質が必要だ。ほんとうに一つになる前に、まずほんとうの二つがなければならない。

『友情』（1841年）『エッセイズ　第一集』より

125
三人以上では対話は成り立たない

友情の実践であり、その完成体というべき対話には、一対一の法則が絶対不可欠だ。一対一なら、ひじょうに有益で愉快な話をすることができるだろう。だが、三人いっしょに集まると、腹の底から出てくることばなど一つも聞くことはない。二人がしゃべってひとりが聞くことになるが、三人が同時に誠実で、探究的な対話に入ることはない。三人以上では、その場の話の流れにうまく乗ることのできる人だけが、しゃべるのである。

こうした慣習は、偉大な対話のもつ高度な自由を破壊してしまう。偉大な対話は、二つの魂をひとつに絶対的に完全に結合するからだ。だが、どの二人が会話することになるかは、親和性によって決まる。関係のない人は、おたがいにとっておもしろくないし、相手の隠された能力など考えようともしない。

『友情』（1841年）『エッセイズ　第一集』より

126
賢明な人との対話こそ最高だ

人生において、どんな本も、どんな楽しみも、対話という経験と比較しようがない。わたしたちが経験するもので、もっともすばらしいものはなにかと問われたら、賢明な人たちとの率直な対話だと答えよう。

賢明な人たちと対話が、そのたびごとに教えてくれるのは、すばらしいサークルにわたしたちが属していることであり、精神的なパワーがわたしたちを招いているということだ。

刺激的な対話のなかで、わたしたちは「宇宙」をかいま見るのであり、もともと魂にそなわっているパワーについて暗示され、アンデス山脈の遠くに飛び交う光と影を目に浮かべる。ひとりで瞑想しているときには、けっして到達することのできないようなものばかりだ。こうした対話のなかでは、さまざまな神託がおしみなく降りてくることもときどきある。考えに行き詰まったときには、このときの記憶に戻ってみるといい。

『随想余録』（1860年）『人生訓』より

127

真の教育が成り立つとき

教育が効果を発揮するのは、口で言うだけでなく教師も実際に行動で示したときだ。それ以外ではだめだ。ことばではムリなのだ。あたえる人が教え、受け取る人が学ぶ。教師と生徒がおなじ状態や原則に立たないかぎり、教育などできるものではない。教育が成り立つのは、「輸血」が行われるときだ。生徒が君であり、君が生徒であるという相互浸透の状態だ。そこではじめて教育が成り立つのである。たとえどんな不運に見舞われようが、悪友とつるんでいようが、生徒がいったん身につけたものが失われることはない。

ところが、教える内容そのものは、耳から入っても反対側の耳から抜けてしまう。わたしたちは、ことばで語られたことは、それじたいがただしいと確認されたわけではないことを知らなくてはならない。

『霊の法則』（1841年）『エッセイズ　第一集』より

128
子どもに対しては魂で語りかけよ

あらゆる人に精神があるように、人生のあらゆる段階にも精神がある。幼年期でも、精神はすでに成熟した大人である。

わが子を相手にするとき、わたしが学んだラテン語やギリシア語も、わたしの教養もお金もなんの役にも立たない。だが、わたしが魂をもっているかぎり助けになる。

わたしが意地を張れば、子どももまた意地を張って、いちいち対抗してくる。こちらのほうが力でまさっていることをいいことに、あさましくも子どもをぶったりしたら、ぶたれるままこっちにはかまってこない。

ところが、わたしが意地を張るのをやめ、魂のために行動し、魂を両者の審判として設定したなら、子どもの幼い目からも、おなじ魂が眺めていることがわかる。子どものほうも、わたしといっしょに尊敬したり愛し合ったりすることになる。

『大霊』（1841年）『エッセイズ　第一集』より

129

自分の内面から語る教師こそほんものだ

世の中には話の達人とされている人びとがいる。こうした人は、自分の外側から語る人だ。これに対して、我を忘れて夢中になり、なかば狂信的になっている人は、自分の内側から語る人だ。両者のあいだには、大きな違いがある。

自分の内側から語る人は、当事者として語っているのに対し、自分の外側から語る人は、たんなる傍観者として、第三者の証言として知った事実を語っているにすぎない。

外側からわたしを説教してもムダなことだ。そんなことは自分でも簡単にできる。教師としてのイエスは、つねに内側から語り、彼を超える者がいないほどだった。だから、そこに奇跡があるのだ。わたしは、以前からそのはずだと信じている。

こうした教師が現れることを、誰もが待望している。もし内側から当事者として語らない教師がいるなら、その人には謙虚に告白してほしい。

『大霊』（1841年）『エッセイズ　第一集』より

X　学びとアウトプット

130

教育とよばないものにこそ価値がある

何年にもわたる高等教育や大学院での専門教育も、それほど自分の身についたわけではなかった。せいぜいラテン語学校に在学していた頃、座席の下に隠しておいた、暇つぶし用の本くらいのものしか得ることはなかった。

教育とよばれていないもののほうが、教育とよばれているものよりも、はるかに価値がある。どんな考えであっても、それを受け取ったときには、比較してどんな価値があるかなんて推測することはしない。

自分の内部にあって、自然に身についている磁力こそ、なにが自分にとって重要かセレクトし、引き寄せる機能をもっている。だが、いわゆる教育とよばれるものは、しばしばその磁力を妨害しようとして、むなしく時間を費やしているのである。

『霊の法則』（1841年）『エッセイズ　第一集』より

131

学びは本能的な活動だ

どんな精神にも、それぞれ固有の方法というものがある。ほんものの人間は、けっして大学の規則にしたがって知識を得ているわけではない。

君は、ホテルのポーターや料理人には、逸話や体験談、驚くような話がないと思うのだろうか？　いや、誰もが学者に劣らないほど知っている。学校教育の悪影響を受けていないような人びとの話は、とりわけ興味深い。

こうした本能的な活動は、健全な精神においては絶えずつづけられ、教養が深まっていくにつれて、ますます豊かに、ひんぱんに知識を集めるようになっていく。内省の局面に入っていくと、たんに観察するだけでなく、努めて観察するようになる。目的を設定すると、座り込んで抽象的な真理を考察するようになる。会話しているときにも、行動しているときも、さまざまな事実がもつ秘密の法則を学びとろうとして、心眼を開きつづけることになる。

『知性』（1841年）『エッセイズ　第一集』より

132

天才はつねに前を見る

世界で価値あるものはただひとつ、活動的な魂である。自由で、至高で、活動的な魂だ。この活動的な魂は、誰もがもつ資格があり、誰もが自分のなかにもっている。だが、ほとんどの場合、誕生をはばまれていて、いまだ生まれていない。

書物、大学、芸術の流派など、いかなる制度も、過去に天才が口にしたことばの段階で止まっている。「これはいい。彼らはそう言っている。これにしたがおう」。人びとは、うしろばかり見て、前を見ようとしない。

だが、天才はつねに前を見る。人間の両目は前についているのであって、うしろについているのではない。人間は希望し、天才は創造する。

クリエイティブな態度、クリエイティブな行動とことばがある。それは、慣習や権威を示したものではない。精神それじたいが善と美を感じて、自発的にわき出てくるものだ。

『アメリカの学者』（１８３７年）

133

行動が知性の原料となる

行動は、議論の内容を豊かにしてくれるパールやルビーのようなものだ。つらい肉体労働を課されたり、大きな災難に見舞われたり、重病にかかったり、生活が困窮することなどはすべて、説得力をもって話す際の教師となり、知恵となる。行動は、知性がすばらしい製品をつくるための原料だ。経験が思想に転換されるプロセスは、桑の葉がシルクに変わるように、驚くべきものだ。

わたしたちが、子ども時代や青年時代に体験した行動やできごとは、いまとなってはきわめて冷静に観察できるものとなっている。それは、空中に浮かんでいる絵のように美しい。ところが、最近の行動や現在手がけている仕事については、冷静に観察するというわけにはいかない。深く考えてみようとしても、まったくもってムリなことなのだ。なまなましい感情が、まだまだ内部で循環しているからだ。

『アメリカの学者』(1837年)

134

日々の生活こそ参照すべき辞書である

生活は、わたしたちの辞書だ。田舎で暮らすもよし、都会で商売や製造の分野で洞察力を深めるもよし、多数の男女と率直な交際をするもよし、あるいは科学や芸術にたずさわるのであれ、その数年間はムダにすごしたことにはならない。というのは、さまざまな分野で、あらゆる事実にふれることは、わたしたちが五感をつうじて知覚した内容を、具体的な形で説明することばをマスターするという、ただひとつの目的にかなっているからだ。

誰の話を聞いても、その人がこれまでどんな人生を生きてきたか、わたしには話の貧しさやすばらしさをつうじて即座にわかってしまう。生活は、わたしたちの背後に横たわっている。それは、石造建築に使用するタイルやブロックをつくる石切場のようなものだ。このようにして、わたしたちは文法を学ぶのである。大学や本というものは、畑や作業場がつくり出したことばを模写しているにすぎない。

『アメリカの学者』（1837年）

135

学ぶためには準備が必要だ

たとえ学ぶべき対象が目の前にあっても、学ぶための準備をしていなければ、誰も学ぶことはできない。たとえば、化学の研究者が、大工に対して自分のもっとも貴重な秘密を教えたとする。ところが、そんな秘密を得たとしても、大工はちっとも賢くなることはないだろう。なぜなら、そんな秘密は、大工にとってはひと財産つくるにも値しないからだ。

『霊の法則』（1841年）『エッセイズ　第一集』より

136

本はつかい方しだい

本というものは、つかい方さえ良ければ、最高のものだ。だが、つかい方が悪ければ、最悪のものに仲間入りする。では、良いつかい方とはなんだろうか？

ものごとを達成するためにはあらゆる手段があるが、そのただひとつの目的は、読者をインスパイアすることにある。本のもつ魅力に引かれて、自分の軌道からきれいに引き離され、衛星にされてしまうくらいなら、わたしは本など見ないほうがいいとさえ思うのだ。

『アメリカの学者』（１８３７年）

137
読む側の創意工夫が必要

わたしたちはみな、人間のからだは、茹でた雑草や靴のスープだろうが、どんなものを食べても栄養にできることを知っている。同様に、人間の精神は、どんな知識でも自分の栄養にできることを知っている。

わたしがただ言いたいのは、そんな食事に耐えるには、つよい頭脳が必要だということだ。よく読むためには、創意工夫が必要である。そこで、創造的な創作方法であるクリエイティブ・ライティングがあるように、創造的な読書法であるクリエイティブ・リーディングが登場することになる。

努力と創意で精神が緊張しているときには、どんな本であろうと、読んでいるページが多様な暗示の光で輝き始まる。あらゆる文章が、二重の意味をもち、著者の感覚は、世界のように拡大されるのである。

『アメリカの学者』（１８３７年）

138

おすすめの実践的読書法

読書法の実践的なルールとして、わたしがおすすめしたいのは以下の三つである。

第一に、出版されてから1年以内の本は読まないこと。

第二に、有名でない本は読まないこと。

第三に、自分の好みではない本は読まないこと。「なんであれ、楽しんでやらなきゃ身につきはしませんよ。要するに、いちばん好きなことを勉強なさることです」と、シェイクスピアの名文句にあるとおりだ*。

『書物』（1860年）『処世訓』より

*『じゃじゃ馬ならし』より、ビアンカの求婚者ルーセンシオに召使いのトラーニオが言うセリフ。

139

すべてを捨てればより多く受け取れる

どんな人でも、学びにより発達するものだ。ただし、どんな最高の教材も、つぎからつぎへ取って代わられていく。ありのままに、すべてを受け入れることだ。イエスは、父も母も捨て、家も土地も捨て、自分にしたがえ、と言う。すべてを捨てれば、より多く受け取ることになる。このことは、道徳的だけでなく知的にも真理である。

あたらしい精神は、過去と現在の所有物をいっさい放棄するよう求めてくるようだ。あたらしい教義は、わたしたちの意見や趣味嗜好、生き方すべてを破壊するように思われる。まずは、あたえてくれるものをすべて、感謝して心から受け入れよ。消耗させ、がっぷり組んで格闘し、祝福を受けるまで手放さないことだ。しばらくすると当初のショックも幻滅も過去のものとなり、もはや不安を誘う流星ではなくなり、天空のしずかな星になって、君の全生涯に輝く光と混ざり合っていくことだろう。

『知性』（1841年）『エッセイズ　第一集』より

140
長時間考えても問題は解決しない

自然に生まれてくる活動が、つねに最高だ。いくら深く考え、いくら注意しようが、ふとしたときのひらめきほど、問題解決に近づくことはない。これは、夜寝る前にさんざん考えても答えが出なかった問題が、翌朝目覚めてベッドから出たときや、朝の散歩の途中に体験することだ。わたしたちの思考は、敬虔な受け入れなのである。

思想の真実性は、自分の意志で強引に方向づけようとしても、あるいはあまりにも長く放置していても、ともに損なわれてしまう。考えとして浮かんでくることは、あらかじめ自分で決定することはできないのだ。わたしたちにできることは、ただ五感を開き、思考の邪魔となるものをすべて可能なかぎりとりのぞき、我慢して知性の力で問題を眺めさせるだけである。

『知性』（1841年）『エッセイズ　第一集』より

141

ひらめきは突然降りてくる

世界でもっとも困難な仕事、それは思考することだ。わたしは、抽象的真理を見つめたいと思うのだが、どうしてもできない。ひるんでしまい、身を引いてしまう。精神をひとつの方向に集中して、休むことなく問題に取り組んでみよう。長時間にわたって考えつづけても、まったく解決策は生まれてこない。考えが自分の前を動き回る。ほぼわかってきたぞ、そんな予感がする。外に出て歩いてみよう。思考を先に進めるが、いっこうに見つからない。静かで落ち着いてさえいれば、考えをつかめそうな気がする。そこで書斎に入ってみるが、最初とおなじで真理からはほど遠い。するとと突然、前触れなく真理が現れる瞬間がある。光が現れ、求めていた特徴や原理がわかった。いま君は頭脳をつかわなくてはならないが、活動をひかえて偉大な聖霊のはたらきを見なければならないのだ。

『知性』（1841年）『エッセイズ　第一集』より

142
アイデアは既知の知識とあらたな体験の結合から

わたしたちは、みな賢明だ。人びとのあいだの違いは、知恵ではなく技術にある。わたしは、とあるアカデミックなクラブで、いつもわたしの見解に一目置いてくれる人と知り合いだった。その人は、わたしが気まぐれに書いたものを読んで、わたしの経験に、なにかすぐれたものがあると想像していたようだ。ところが、その人の経験は、わたしの経験とは、そうたいして違うものではなかった。その人の経験をあたえてくれれば、わたしはおなじようにつかうことができたことだろう。

その人はふるい経験をもっていたが、いまあたらしい経験をもっている。これに対して、わたしの場合は、ふるい経験とあたらしい経験を寄せ集めて、あらたなものをつくる習慣をもっていた。このことは、それ以外の大きな事例にもあてはまることだろう。

『知性』（１８４１年）『エッセイズ　第一集』より

143

自分が信じていなければ相手に伝わらない

経験豊富な法律顧問からこんな話を聞いたことがある。自分の依頼主が有罪判決を受けるはずがないと心の底で信じていれば、裁判官や陪審員など少しも恐れる必要がないという。だが、もし自分が信じていなければ、どんなに弁護活動をしようとも、自分がそう信じていないことが陪審員たちに伝わってしまうのだ、と。

自分が信じていないことは、どんなにことばを繰り返してみても的確に表現することはできない。まさにこの確信は、スウェーデンボルグの霊界報告*に示されているとおりだ。霊界のある集団についての報告だが、その人たちは、唇を曲げたり閉じたりしながら、自分たちが信じてもいない命題を表現しようと無駄な努力をしていたとある。

『霊の法則』（1841年）『エッセイズ　第一集』より

*スウェーデンボルグについては、「はじめに」を参照。

144

心に響く文章を書くには

書かれたものが世論にあたえる影響は、その思想の深さによって数学的に計測することが可能だ。つまり、どれだけ水をくみ上げることができるかである。もし君を目覚めさせて考えさせ、雄弁で君を高みに立ち上がらせてくれるなら、その効果は広くゆっくりとしたもので、永久につづくものとなることだろう。もし読み進めても教えられることがなければ、その場限りで死んでしまうような著作だったことになる。

廃れることのないものを語ったり、書いたりするには、誠実に語ったり、書いたりすることだ。わたし自身の実践につながらないような議論は、君の実践にもつながることもないだろう、そう考えて問題ない。むしろ16世紀英国の政治家で詩人、サー・フィリップ・シドニーの金言に学ぶべきだ。「自分のハートのなかを見よ、そして書くのだ」。

『霊の法則』（1841年）『エッセイズ 第一集』より

145

自分自身に向けて書く

自分自身に向けて書く人は、永遠の読者層に向けて書いているのである。自分自身の好奇心を満足させようと試みて、その結果いきついた表現だけが、公表するにふさわしい。著作のテーマを耳から取り入れ、ハートから受け取らない著作家は、いっけん得をしたように見えながら、じつはそっくりそのまま損失であったことを知らなくてはならない。その中身のない著作があらゆる賞賛を受け、「なんという詩作か！　なんという天才か！」と、たとえ読者の半数が言おうとも、さらなる燃料がなければ、火が燃え上がることはない。

ためになることだけが、ためになるのである。生命だけが、生命をあたえることができる。たとえ自分で火をあおってみたところで、自分が評価する以上に評価されることはない。

『霊の法則』（１８４１年）『エッセイズ　第一集』より

146

視点を変えればあたらしい価値が見つかる

演説家は、聴衆の知らない情報をもっているわけではない。だが、話し手の視点から見た事実を、聴衆に教える。異なる視点で見ることで、状況はあたらしい事実と価値をもつようになる。あらたなネーミングによって、事実のひとつひとつが重要性を帯びるようになる。表現は人びとの記憶に定着し、クチコミで伝わっていく。

雄弁家の精神には、秩序にかんするあたらしい原理がある。その人が見るところ、すべてはあるべき場所に飛んでいく。つぎになにを言うのだろう？　この人に、いやこの人だけに語らせよう。雄弁家は、より高度な思考スタイルを世間一般のことがらに適用することで、美と壮麗をもたらしてくれるのだ。バーク*には、そのようなパワーがあり、そのような天才性は、わが国の政治家や法律家にも見いだすことができるだろう。

『雄弁』（１８７０年）『社会と孤独』より

*18世紀英国の政治家で思想家のエドマンド・バーク。同時代の「フランス革命」を批判したことで有名。

147

比喩をつかうと説得力が増す

比喩的な表現。演説家は、ある程度まで詩人でなくてはならない。わたしたち人間は、創造力豊かな生き物なので、未開人であれ文明人であれ、比喩的な表現ほど心に響いてくるものはない。

ありふれた経験を、比喩的表現で光り輝くシンボルに凝縮すると、聴衆は電気ショックを受けたようになる。事実はシンボルによって切り離されて（あらたな意味をもち）、事実を支配する権利とパワーを、あたかも最初から自分がもっていたかのように感じ、完全に自分のものとするからだ。記憶にイメージが残りつづけることになる。

一般的に集会は、二つのパワーによって統制される。まずは事実、そして表現の技術である。議論を具体的な形やイメージ、たとえば、丸くて硬いボールのように、見て手に取って家に持ち帰るようなものに変えれば、主張の半分は勝ったようなものとなる。

『雄弁』（１８７０年）『社会と孤独』より

148

危機感は人の心をひきつける

事件にはつねになんらかの危機がある、そういう意識が雄弁を卓越したものにする。これが、演説家を自分が主張する大義に深くひきつけ、パワーを一点に集中させるのである。爆発や噴火が起こるには、どこかに熱がたまっていて、中心には点火された無煙炭の層がなくてはならない。そして、深い確信が生み出された場合、雄弁な人物とは、美しいことばを語る人ではなく、心のなかである種の信念に酔っている人である。その信念は、雄弁家の心をゆさぶり、引き裂く。おそらく表現するパワーを奪い取ってしまうほどだ。そして、短い突然の叫びのように、意味の激流となってほとばしり出てゆく。

このテーマが、自分の精神を完全にとらえているため、表現においては秩序が確保される。それは、「自然」の秩序そのものなので、もっとも強力な秩序であり、いかなる技術によっても模倣することはできないのである。

『雄弁』（1870年）『社会と孤独』より

特別付録1

鈴木大拙にとってのエマソンと『自己信頼』(1947年)

語学の勉強からどんな新鮮なものを取り得たかといま考えて見ると、「自由」ということであったらしい。(中略)そのようなところから、セルフ・ヘルプの精神が強く、自由へのあこがれが深くなって行ったのは自然であろう。(中略)

その後、エマスンの論文集を何かの機会で読んだ。これがまた自分をして新たな思想に赴《おもむ》かしめた。そのなかに次のような言葉があったように今うろ覚えに覚えている。

「自分の心に動くことを表現するに躊躇《ちゅうちょ》するな。大人物だといわれている人でも、自分の心の中に在るもの以上に、何ものをも持っているのではない。今ここに一条の光明《こうみょう》が射し込んで来て、自分の頭の上に落ちたとせよ。いかに微《ほの》かでも、この光の証人は自分だけのほかに誰もないのだ。これを天下に宣言するに誰を憚《はばか》ることもいらぬ」

と、このようなことがあったように覚えている。自分はこれを読んだ時、深く感動した。これがセルフ・レライアンス（＝自己信頼）だ、これが本当の自由だ、これが本当の独立不羈《どくりつふき》なるものだ。小さいといって自ら卑しめるに及ばぬ。小さいは小さいながらに、その持っているすべてを表現すればよいのだ、これがシンセリティ（＝誠実）だと、こういう風に自分は感激したのだ。（中略）

エマスンの時代は、米国でも思想転換をやる時代であった。四囲の事情はもとより日本とは違っていた。が、新しいものをあこがれる気風は米国にもあった。ヨーロッパを通って入ってきた東洋思想すなわちインド思想は、ニュー・イングランドの思想家を動かした。そのスポークスマンになった一人はエマスンであった。

日本の青年が彼を読んで、なんとなく共鳴せざるをえないのは、そのなかに東洋的なものがあるからではなかろうか。すなわち東洋的なものが、米国のはつらつと

して若々しい人々の頭を濾過《ろか》して来ると、その表現形式がまた清新の気を帯びてくるのである。（後略）

（付記）鈴木大拙（1870〜1966）は、日本を代表する世界的な仏教学者で、禅仏教を世界に広めた功労者。海外ではD.T.Suzukiとして知られており、いまなお全世界で大きな影響をもっている。若き日に英語で『自己信頼』を読んで大いに感激している。青年時代にアメリカに11年間滞在していた大拙には、エマソンの墓の横で座禅する写真も残されている。大拙は、英文著作でたびたびエマソンを引き合いに出している。
出典：「明治の精神と自由」（1947年）より。『新編 東洋的な見方』（上田閑照編、岩波文庫、1997）所収。読みやすくするために漢字は適宜かなに直し、行替えを行った。本文にない注釈は（＝〇〇）として示してある。

特別付録2

徳富蘇峰にとってのエマソンと『自己信頼』(1952年)

(前略)この間における予の生活は、一面《いちめん》病と闘い、一面《いちめん》失業者としての予をめぐる少なからざる家族および眷属《けんぞく》の保持のために戦い、しかして予の身のあらゆる厄運と闘うたが、その間において予の杖となり、柱となり、力となり、勇気の泉源となり、希望の温床となりたるものは、じつに書籍であつた。

すなわち予は終戦と同時に、ただちにミルトンの最後の作であるサムソン・アゴーニステス*の一篇を読んで、ここに予が黒暗々の世界に一道の光明を発見したるを喜ばざるを得なかった。予はさらにエマーソンのエッセイ、セルフ・リライアンス**の一章をひもとき、しばしばこれを繰返した。

（蘇峰はそのあと、韓退之《かんたいし》、陶淵明《とうえんめい》の漢詩、王陽明《おうようめい》の文、論語、聖書、を挙げているが、ここでは省略する・引用者しるす）

最近の二十年間、さらにいえば、きわめて最近の十年間は、予の一生において最も物質的にも精神的にも、苦難の一齣《ひとこま》であった。しかるに予をして泰然、悠然、従容自若《しょうようじじゃく》としてこれを経過することを得しめたるは、真に書籍なのである。このなかにはまたマルカス・オウレリウスの瞑想録***をも特記することを忘れるわけには行かない。

昭和二十七年六月二十五日 熱海　晩晴艸堂《ばんせいそうどう》にて　蘇峰 徳富猪一郎

*『失楽園』で有名な17世紀英国の詩人ミルトンの劇詩『闘士サムソン』のこと。

**エマソンの『自己信頼』のこと。蘇峰の著書『吉田松陰』（１８９３年）の冒頭には、エマソンの名言“Trust thyself : every heart vibrates to that iron string.”（自分を信じよ。その鉄製の弦から生まれるクリアな響きは、どんなハートも震わせ、共鳴させることになる）が英語原文のまま記されている。

***マルクス・アウレリウスの『自省録』のこと。

（付記）徳富蘇峰（1863〜1957）は、幕末の熊本に生まれ、明治時代から昭和時代戦後期にかけて一世紀近く生きたジャーナリストで歴史家。「國民新聞社」を主宰した新聞経営者であり、一時期は政治にもかかわった。対米戦争の戦時中に「大日本言論報国会」の会長に推挙されたが、これが原因となって占領軍から戦犯容疑をかけられた。著書多数で、代表作は『近世日本国民史』（全百巻）。作家の徳冨蘆花は蘇峰の実弟。蘆花もまたエマソンを愛読していた。

出典：『読書九十年』（蘇峰 徳富猪一郎、講談社、1952）の「序」より。旧字旧かなは新字新かなに直し、行替えを適宜増やして読みやすくした。

ラルフ・ウォルドー・エマソン年譜　１８０３～１８８２

前半生（出生から36歳まで）―牧師を辞め講演家として自立するまで

1803	ユニテリアン派の牧師の四男として、東海岸のボストンに生まれる
1811	父を失う。貧困のなか母親の手で育てられる。その後、同居した叔母の知的影響を受ける。自分より優秀な弟エドワードに劣等感を抱き、内向的人間として育つ
1817	ハーバード大学に入学。苦学しながら卒業、兄が経営する女学校を手伝う
1825	ハーバード大学神学大学院に入学。眼病とリューマチに苦しみ、結核を患う
1829	ボストン第二教会の副牧師に任命。エレン・タッカーと結婚
1831	エレンが結核で死去。この頃から教会制度に懐疑的になり苦悩する
1832	ひとり山に籠っての瞑想で最終的に決断、教会を辞任。翌年ヨーロッパに旅行し、パリの植物園で事物と精神の関係について啓示を受ける。帰国後に、講演家として出発。亡妻の遺産を相続し、経済状況がやや好転。弟エドワードが死去。終の棲家となったコンコードに移住。１８３５年（32歳）リディアン・ジャクソンと再婚。翌年、『自然』を出版。弟チャールズが結核で死去。
1837	「アメリカの学者」を講演、「アメリカの知的独立宣言」と絶賛される。翌年、ハーバード大学神学部で行った講演が異端視される。14歳年下のヘンリー・デイヴィッド・ソローと知り合う。ソローは『市民的不服従』（１８４９年）、『ウォールデン』（１８５４年）を出版
1839	コンコードで行った説教を最後に、講演活動と著作執筆に専念することに

後半生――講演家として成功し「コンコードの哲人」と偶像視されるまで

1841	講演をもとにした『エッセイズ　第一集』を出版
1842	6歳の長男ウォルドーを猩紅熱で失う。その後、友人の長男ウィリアム・ジェームズ（のちの心理学者でプラグマティズム哲学者）の名付け親となる
1844	講演をもとにした『エッセイズ　第二集』を出版。1847年に英国で講演旅行
1850	講演をもとにした『代表的人物』を出版。はじめてミシシッピー川に達する西部講演旅行を実行、シカゴまで足を延ばす
1856	講演をもとにした『英国の国民性』を出版、ベストセラーに
1860	講演をもとにした『処世論』を出版。この本もよく売れた
1861~1865	「南北戦争」は、エマソンの住むニューイングランドに直接の被害はなかったが、本が売れなくなり、講演依頼も減少したので、以後、毎年のように米国各地に講演旅行に出る
1870	講演をもとにした『社会と孤独』を出版
1871	はじめて西海岸に講演旅行。若き日の自然保護の父ジョン・ミューアに会う
1872	7月に自宅が全焼。その1週間後にボストンで「岩倉使節団」歓迎の晩餐会に招待され出席、スピーチをするが精彩を欠く。10月に、長女エレンをつれて最後の海外旅行に出る。支援金で自宅を再建、帰宅時にはコンコード市民から大歓迎。この頃から記憶力と集中力減退
1874	36年ぶりにハーバード大学神学部で講演、異端扱いが解消。翌年『文学と社会目的』を出版
1882	肺炎を悪化させコンコードで永眠（享年78）。コンコードのスリーピー・ホローに埋葬

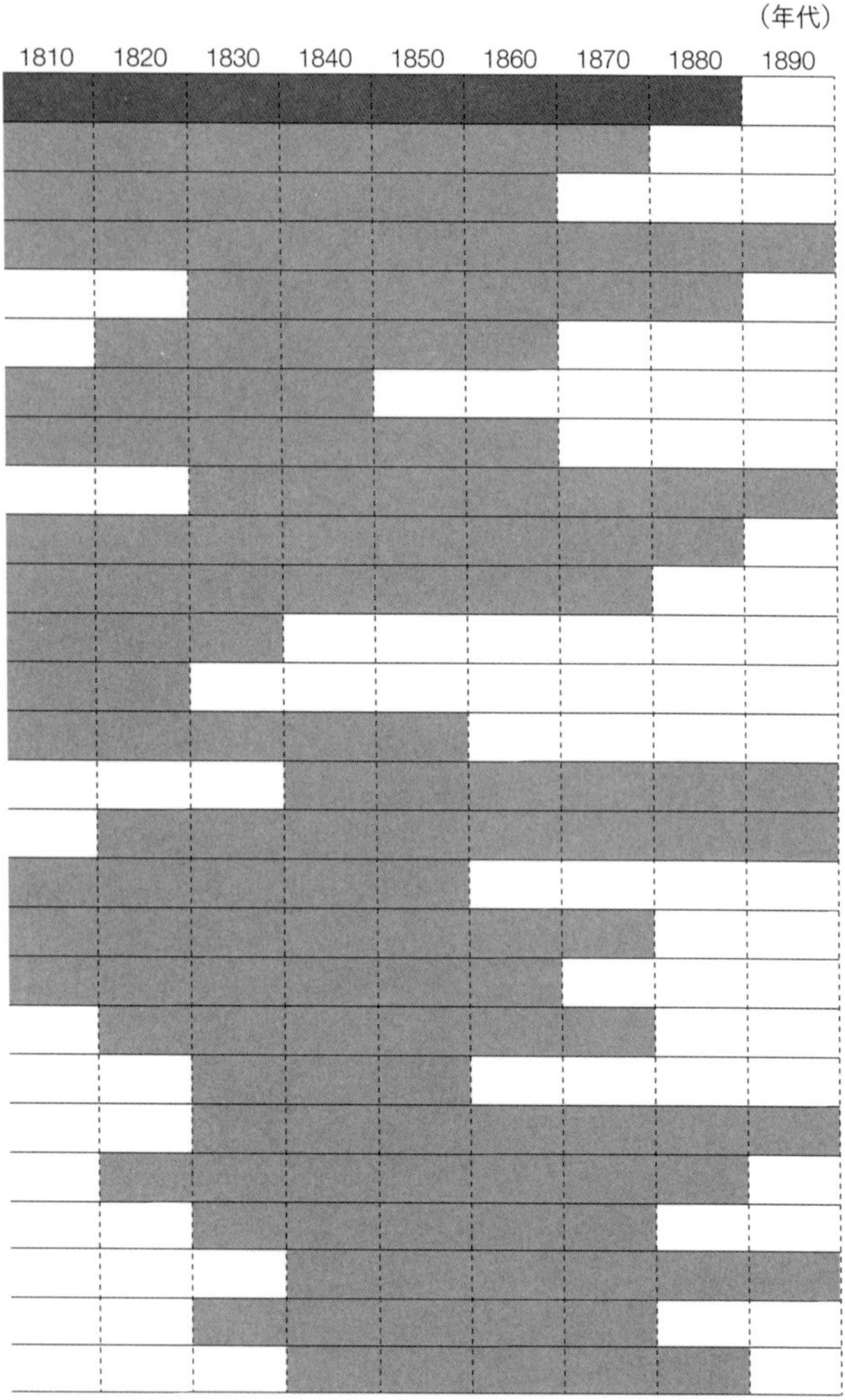
（年代）
1810
1820
1830
1840
1850
1860
1870
1880
1890

エマソンと同時代の人物たち（19 世紀）

		1790	1800
米国人	ラルフ・ウォルドー・エマソン（1803～1882）：米国の哲学者・詩人・講演家		
	ルイ・アガシー（1807～1873）：生物学者。エマソンの友人		
	ソロー（1817～1862）：『ウォールデン』の著者。エマソンの弟子		
	ホイットマン（1819～1892）：『詩集　草の葉』で有名な詩人。エマソンが激賞		
	エミリー・ディキンソン（1830～1886）：アメリカを代表する詩人。エマソンの影響		
	スティーブン・フォスター（1826～1864）：作曲家。アメリカ音楽の父		
	アンドリュー・ジャクソン（1767～1845）：第 7 代米国大統領。20 ドル札の人		
	リンカーン（1809～1865）：第 16 代米国大統領。奴隷解放。5 ドル札の人		
	アンドリュー・カーネギー（1835～1919）：世界一の大富豪。エマソンを愛読		
英国人	トマス・カーライル（1795～1881）：英国の作家。エマソンの親友		
	J.S. ミル（1806～1873）：英国の思想家。『自由論』など		
その他のヨーロッパ人	ゲーテ（1749～1832）：エマソンは『代表的人物』で取り上げている		
	ナポレオン（1769～1821）：エマソンは『代表的人物』で取り上げている		
	トクヴィル（1803～1859）：『アメリカのデモクラシー』の著者でフランスの政治家		
	ニーチェ（1844～1900）：ドイツの哲学者。生涯にわたってエマソンを愛読		
	トルストイ（1828～1910）：ロシアの作家。エマソンの愛読者		
日本人	佐藤一斎（1772～1859）：儒者で教育者。『言志四録』		
	山田方谷（1805～1877）：陽明学者。備中松山藩家老。佐藤一斎の高弟		
	横井小楠（1809～1869）：儒者で政治思想家。ワシントンを賞賛		
	西郷隆盛（1828～1877）：革命家。		
	吉田松陰（1830～1859）：「千万人といえども吾往かん」という「自己信頼」		
	中村正直（1832～1891）：『西国立志編』。一斎の弟子。エマソンを愛読		
	岩倉具視（1825～1883）：「岩倉使節団」の特命全権大使。ボストンの晩餐会		
	大久保利通（1830～1878）：「岩倉使節団」の副使		
	伊藤博文（1841～1909）：同上		
	木戸孝允（1833～1877）：同上		
	森有礼（1847～1889）：駐米公使ののち初代文部大臣		

参考文献　＊直接参照したものに限定。本文で言及したものは基本的に省略

エマソンの著書

●エマソンの著作の原文

Delphi Complete Works of Ralph Waldo Emerson（Illustrated）（Delphi Poets Series Book 34）,Delphi Classics、2013　＊kindle版

Hitch Your Wagon To A Star　and Other Quotations from Ralph Waldo Emerson,Edited by Keith W.Smith,Columbia Univ Press,1996

●エマソン著作の注釈書

EMERSON'S THRILLING ESSAYS（エマスン論文集）（日野月明喜＝編注、創元社、1937）

REPRESENTATIVE MEN（研究社英文學叢書）（石田憲次＝編注、研究社、1923）

●エマソン著作の日本語訳

『エマソン論文集　上・下』（酒本雅之訳、岩波文庫、1972）

『エマソン選集　全7巻』（齋藤光ほか訳、日本教文社、1960~1961）

『エマスン論文集　Ⅰ・Ⅱ・Ⅲ』（戸川秋骨訳、岩波文庫、1938~1939）

『エマアソン全集　全8巻』（戸川秋骨／平田禿木訳、国民文庫刊行会、1918）

『自己信頼［新訳］』（伊東奈美子訳、海と月社、2009）

関連書籍

●エマソンの生涯と思想

『エマソン（新英米文学評伝双書）』（齋藤光、研究社、1957）
『エマソンとその時代（教育の発見叢書）』（市村尚久、玉川大学出版部、1994）
『エマソン　魂の探究　自然に学び、神を感じる思想』（リチャード・ジェルダード、澤西康史訳、日本教文社、1996）
『エマソン入門　自然と一つになる哲学』（ジェルダード、澤西康史訳、日本教文社、1999）
『エマソンの思想遍歴　自由と運命』（スティーヴン・ウィッチャー、高梨良夫訳、南雲堂、2001）
『エマソン　運命を味方にする人生論』（渡部昇一、致知出版社、2013）
『エマソン　自己から世界へ』（堀内正規、南雲堂、2017）
『エマソンと社会改革運動　進化・人種・ジェンダー』（西尾ななえ、彩流社、2018）

●エマソンとアメリカ社会

『反知性主義　アメリカが生んだ「熱病」の正体』（森本あんり、新潮選書、2015）
『アメリカ・キリスト教史　理念によって建てられた国の軌跡』（森本あんり、新教出版社、2006）
『アメリカのデモクラシー　第一巻・第二巻』（トクヴィル、松本礼二訳、岩波文庫、2005~2008）
『サーカスが来た！　アメリカ大衆文化覚書』（亀井俊介、文春文庫、1980　初版1976）
『アメリカ合衆国史②　南北戦争の時代　19世紀』（貴堂嘉之、岩波新書、2019）

●エマソンと米国の「自己啓発」思想

『ニューソート　その系譜と現代的意義』（マーチン・ラーソン、高橋和夫他訳、日本教文社、1990）
The History of New Thought : From Mind Cure to Positive Thinking and the Prosperity Gospel,by John S.Haller Jr.,Swedenborg Foundation Press, 2012
『アメリカは自己啓発本でできている　ベストセラーからひもとく』（尾崎俊介、平凡社、2024）
「コピペされ、拡散されるエマソン」（尾崎俊介、愛知教育大学、2018）
『世界の自己啓発50の名著』（T・バトラー＝ボードン、野口恭子／森村里美訳、ディスカヴァー・トゥエンティワン、2019）

●ニーチェに与えた多大な影響
『アメリカのニーチェ　ある偶像をめぐる物語（叢書・ウニベルシタス）』（ジェニファー・ラトナー＝ローゼンハーゲン、岸正樹訳、法政大学出版局、2019）
Nietzsche and Emerson：An Elective Affinity,by George J.Stack,Ohio Univ Press,1994
●エマソンに影響を受けた著名人
『カーネギー名言集』（ドロシー・カーネギー編、神島康訳、創元社、1986）
●「自己」と「世間」
『自己の心理学を学ぶ人のために』（梶田叡一／溝上慎一＝編、世界思想社、2012）
『「世間」とは何か』（阿部謹也、講談社現代新書、1995）
『「空気」と「世間」』（鴻上尚史、講談社現代新書、2006）
●エマソンと東洋思想
『はじめてのインド哲学』（立川武蔵、講談社現代新書、1992）
『神の詩　バガヴァット・ギーター』（田中嫺玉訳、TAO LAB BOOKS、2008）
『禅とアメリカ思想』（ヴァン・ミーター・エイムズ、中田祐二訳、欧史社、1995）
『エマソンの思想の形成と展開　朱子の教義との比較研究』（高梨良夫、金星堂、2011）
『ペルシアの詩人たち（オリエント叢書2）』（黒柳恒雄、東京新聞出版局、1980）
●日本人とエマソン
『アメリカ精神と近代日本　森有礼から三島由紀夫まで』（佐渡谷重信、弘文堂、1974）
『アメリカ精神と日本文明』（佐渡谷重信、講談社学術文庫、1990　初版 1976）
『中村敬宇（人物叢書）』（高橋昌郎、吉川弘文館、1988）
『徳富蘇峰とアメリカ（拓殖大学研究叢書36）』（澤田次郎、慶應義塾大学出版会、2011）

『特命全権大使　米欧回覧実記①』（久米邦武編、田中彰校注、岩波文庫、1977）

エマソン　自分を信じる言葉
エッセンシャル版

発行日　2025年1月26日　第1刷

Author　佐藤けんいち

Illustrator　市村譲

Book Designer　LABORATORIES

Publication　株式会社ディスカヴァー・トゥエンティワン
〒102-0093　東京都千代田区平河町2-16-1
平河町森タワー11F
TEL　03-3237-8321（代表）　03-3237-8345（営業）
FAX　03-3237-8323
https://d21.co.jp/

Publisher　谷口奈緒美

Editor　藤田浩芳　大竹朝子

Proofreader　文字工房燦光

DTP　株式会社RUHIA

Printing　日経印刷株式会社

・本書へのご意見ご感想は下記からご送信いただけます。
https://d21.co.jp/inquiry/

ISBN978-4-7993-3118-7